나의 목민심서

강진일기

나의 목민심서

강진일기

손학규

박하

다산茶山에게 묻고 답하다

차례

2장·그 길밖에 길이 없어

3장 · 나의 목민심서

4장 · 준비하면 열린다

강진살이

빗소리에 잠이 깼다. 좁은 방에 스며든 새벽 기운을 느끼며 천천히 눈을 떴다. 빗소리는 알곡을 마당에 널어놓고 도리깨질하는 소리인 것도 같았다. 굵은 빗줄기가 슬레이트 지붕을 두드려댔다. 창밖을 내다보고 앉아 있자니 비가 점점 더 굵어졌다. 아내가 딸네집이 있는 서울에 올라가는 바람에 어제부터 토담집은 온전히 나 혼자만 지내는 곳이 되었다. 혼자라는 사실 때문인지 빗소리도 유독 더 크게 들렸고 한 평 남짓한 방이 더없이 넓어 보였다.

톳마루에 나와 앉았다. 멀리 빗줄기 사이로 강진만의 바다가 보였다. 겨우 하룻밤 자고 일어나 빗소리를 듣는 것 같은데, 이 토담집에서 산 지 벌써 두 해째다. 백련사 위쪽 만덕산 자락에 자리 잡은 이 작은 집을 스님들은 '토굴'이라 불렀다. 스님들이 홀로 머물며 공부하고 참선하기 위해 흙과 돌로 지은 작은 집인데, 오랫동안 사용하지 않아 잡풀이 우거지고 비가 새고 곰팡이와 거미줄 천국이었던 것을 며칠 동안 손을 봐서 우리 내외가 살 만한 곳으로 만들었다.

나의 일상은 단순했다. 아침에 눈뜨면 툇마루에 나가 앉아 산과 바다가 깨어나는 걸 구경했다. 토마토나 사과 한 알로 간단하게 아침 요기를 하고 책을 읽었다. 점심시간이 다가오면 행장을 꾸려 백련사 공양간으로 내려가 점심을 먹었다. 점심 식사 후 대개 다산초당을 돌아 만덕산 자락을 끼고 한 시간여 걸어 다시 토담집으로 돌아오는 산책이 주요 일과였다. 낮 시간에는 좀 더 여유가 있어서 지난 일을 회고하며 글을 쓰기도 하고, 아내와 이야기도 하고 노래도 불렀다. 밤이 깊어지면 별을 헤며 밤을 보냈다. 단순한 날들이 모여 계절이 바뀌는 순리를 받아들이는 삶이 평화로웠다.

2년 전 정치를 떠나 바로 강진으로 내려왔다. 1970년대 민주화운동을 하던 시절, 강진읍교회를 찾으면서 강진과 처음 인연을 맺었다. 경기도지사 시절 고려청자축제에 여러 차례 참석해서 축사를 했고, 민심대장정 때는 전복을 키우던 양식장에 들러 바닷일을 함께했던 곳이다. 얼마 전 세상을 떠난 큰 사위의 고향이기도 했다. 강진군은 마치 어머니의 자궁 같아서 생명의 원천 같은 느낌이 왔다. 정치에서 은퇴하면 강진에 내려와 살자고 입버릇처럼 아내에게 말하곤 했었다. 나와 아내는 그렇게 강진에 내려왔다.

강진은 다산 정약용 선생의 유배지였다. 18년 유배 생활 동안 다산은 백성을 중심에 놓은 학문인 실학을 완성하였다. 실학은 나의 청년 시절 그리고 정치하던 시절 내내 큰 영향을 미친 사상이었다. 도지사 시절에는 남양주의 다산 생가 옆에 실학박물관을 세웠고, 실학현양위원회를 만들어 실학의 대가이신 조순 부총리에게 위원장을 맡겨 심포지엄도 열고 책도 발간했다. 박석무 선생의 다산연구소를 지원하기도 했다. 실학축전까지 열었다. 다산에 대한 존경과 다산의 삶에 대한 연민이 강진살이를 기쁘게 받아들이게 했다.

다산은 정치가 백성들의 삶을 중요하게 여겨야 한다고 말했다. 유배 생활을 하면서도 그는 오로지 핍박받으며 살아갈 수밖에 없었던 백성들을 생각했다. 자신을 버리고 오로지 백성만 생각하는 삶. 다산은 그게 진정한 정치인이라 말했다. 매일 다산을 생각하고 다산의 글을 읽으며 나는 내가 부족하다는 걸 깨달았다. 어찌 보면 나의 강진 생활은 마음의 평화를 얻고자 세상 소리를 듣지 않으려 애쓰는 것이었는지 모른다.

정치를 하면서 내 삶의 중심엔 국민만 존재한다고 생각했었다. 그런데 지금 생각해보니 그건 나 자신만의 정치를 실현하기 위한 여정이었을지도 모르겠다는 생각이 들었다. 국민을 위한 삶이었다기보다 나의 정치철학을 실현해보고자 하는 마음이 더 강렬했을지도 몰랐다는 말이다. 강진살이 두 해, 매일 다산에게 묻고 다산에게 대답하면서 내가 해왔던 정치를 되돌아보기 시작했다.

다산이여,
다산이여!

1장

1. 다산으로 가는 길

정치인은 선거로 말한다

2014년 7월 25일, 그날도 나는 선거운동을 끝내고 집으로 돌아왔다. 남경필 의원이 경기도지사에 출마를 하면서 빈 자리였다. 내가 몸담고 있던 새정치민주연합이 당 차원에서 내게 수원시 병 선거구에서 출마할 것을 부탁했기 때문에 맡은 자리였다. 당은 내가 경기도지사도 지냈고, 또 손학규 정도는 되어야 그나마 당선이 가능하다고 판단한 것이다. 여당의 세가 강한 지역이지만 당은 물론 나 역시 적지 않게 기대했다. 도지사로서의 역할도 그런대로 해냈다는 믿음 때문에 그 기대는 더욱 컸다.

선거운동을 하는 출마자들 대부분이 그렇겠지만 나 역시 새벽 4시경에 일어나 새벽기도를 갔다가 자정에나 귀가했다. 그날에도 거리 유세

17

를 돌다 자정이 넘은 뒤 집으로 돌아왔다. 마음이 복잡했다. 내 귀에 들린 지역 주민들의 말들 때문이었다.

"아, 도지사도 하고 당 대표도 하신 양반이 뭐하러 출마는 했대?"

그런 말들이 하루 종일 나를 괴롭혔다. 도지사 시절 나를 바라보고 대하던 눈길과 말이 아니었다. 그런 말이 곳곳에서 들렸다. 처음에는 상대방 사람들이나 다른 정파에 속한 사람들에게서 흘러나오는 말이려니 했다. 나를 지지하는 사람들이나 나와 함께 일했던 사람들이 당선은 분명하다고 말한 터라 더욱 그랬다. 그런데 나에 대한 부정적인 의견들이 쉬이 잦아들지 않는 걸 깨달았다.

10년 전 민심대장정을 나섰을 때 순천에서 여수로 향하는 버스에서 옆자리에 앉은 아저씨 말이 기억났다. 나를 알아보고 어찌 왔느냐고 묻는 그에게 "민심대장정 중입니다"라고 대답하자 아저씨가 이런 말을 했다.

"에이 뭘, 표 줏으러 왔구만. 그래봤자 여기 표 하나도 없소. 버스값도 안 나올 거요. 그 운동화 값도 안 나올 거란 말이오. 헛수고 하지 마시요."

그날 내 모습이 그렇게 비춰졌던가? 내가 아니면 국민을 평온하게 해줄 사람이 없다는 오만함이 내 얼굴을 채웠던가? 나는 내가 가는 길이 이 땅에서 정치를 하는 사람이라면 당연히 가야 할 길이라고 생각했었다. 선뜻 고된 노동에 몸을 맡기려는 정치인이 없으니 나의 행보가 쇼처럼 보였을지도 모를 일이다. 나는 그날 아무 대꾸도 하지 못했다. 그 아저씨의 심정 하나 헤아려주지 못한다면 무슨 자격으로 정치를 하겠는가 싶었다.

10년 전의 일임에도 그 아저씨의 말은 수원 팔달의 보궐선거를 치르던 그때까지도 생생하게 떠올랐다. 나는 그 복잡한 마음을 담아 고해성사를 하듯 아내에게 말했다.

"여보, 내가 이 선거에서 질 수도 있을 거 같아."

선거운동을 하며 느꼈던 나에 대한 부정적인 반응에 대해 아내에게 말해주었다. 입을 연 내가 담담했듯이 아내 역시 담담하게 들어주었다. 그 밤 아내와 나는 새벽 3시까지 선거에 대한 이야기, 선거에서 질 경우 정치를 떠나자는 이야기, 정치를 떠나면 강진으로 가야겠다는 이야기, 강진의 의미, 민심대장정 중 강진에서 만난 다시마 양식장과 전복 양식장 사람들에 대한 이야기 등을 나눴다.

잠깐 눈 붙이고 4시에 일어나 새벽기도를 갔다가 선거운동을 하러 나갔다. 마침 주말이라 늦게 나갈 수도 있었으련만 국민들에 대한 나의 충심이 이런 부정적인 시선을 걷어버릴 수 있을 거라 믿고 거리에 나섰다.

세상은 구름 흐르듯 변한다는 걸 뒤늦게 배웠다. 내가 세상 변하는 줄도 모르고 과거에 살고 있다는 사실을 보궐선거 날 깨우쳤다. 그동안 나는 내가 해온 일에 대한 자부심이 자만으로까지 변질되어 있었다는 걸 깨달았다. 몹시 부끄러웠다. 어쩌면 나는 내가 국민들을 진정으로 사랑하고 있다고 믿었던 것인지도 모른다. 그러니 당연히 선거에서 승리하리라 믿었던 것이리라. 적어도 선거가 있기 일주일 전까지는.

선거 결과는 5,000여 표 차이가 나는 패배였다. 나는 아내에게 말한 대로 2014년 7월 31일 기자회견을 열어 은퇴를 선언했다.

국민 여러분, 안녕하십니까. 손학규입니다. 저는 오늘 정치를 떠납니다.

손학규가 정치를 그만두는 게 뭐 대단한 일이겠습니까마는, 그동안 저와 함께 기쁨과 슬픔을 나눈 동지들, 어려운 상황마다 도움을 주셨던 지지자 여러분, 그리고 분에 넘치는 사랑을 주셨던 국민 여러분께 인사를 드리고 떠나는 것이 도리라 생각해서 이 자리에 섰습니다.

정치인은 선거로 말해야 한다는 것이 저의 오랜 신념입니다. 저는 이번 7·30 재보선에서 유권자들의 선택을 받지 못했습니다. 그 뜻을 겸허히 받아들이고자 합니다. 저 자신의 정치적 역할에 대한 국민들의 판단이고, 민주당을 비롯한 한국 정치의 변화에 대한 국민의 여망이라고 보았기 때문입니다.

1993년 정치에 입문한 이래 분에 넘치는 국민의 사랑과 기대를 받았습니다. 2007년 한나라당을 탈당하여 '시베리아' 땅으로 나선 이후 민주당과 함께한 저의 정치 역정은 순탄치는 않았지만 보람 있는 여정이었습니다. 민주당에 대한 저의 사랑을 다시 한 번 고백합니다.

정치인은 들고 날 때가 분명해야 한다는 것이 저의 평소 생각입니다. 순리대로 살아야 한다는 것 또한 저의 생활 철학입니다. 지금은 제가 물러나는 것이 순리라고 생각했습니다. 책임정치의 자세에서 그렇고, 또 민주당과 한국 정치의 변화와 혁신이라는 차원에서도 그렇습니다.

국민 여러분께 '함께 잘사는 나라'를 만들어 '저녁이 있는 삶'을 돌려드린다는 약속을 지키지 못해 송구스럽습니다. 떳떳하게 일하고 당당하게 누리는 세상, 모두 함께 일하고, 일한 만큼 모두가 소외받지 않고 나누는 세상, 그러한 대한민국을 만들려고 했던 저의 꿈을 이제 접습니다. 능력도 안 되면서 짊어지고 가려 했던 모든 짐들을 이제 내려놓습니다. 그동안 정치 생활을 통해서 얻었던 보람은 소중히 간직하고, 아쉬움은 뒤로 하고 떠나려 합니다.

오늘 이 시간부터 시민의 한 사람으로 돌아가 성실하게 살아가겠습니다. '저녁이 있는 삶'을 이루기 위해 열심히 살고 또 노력하는 국민의 한 사람이 되겠습니다. 감사합니다.

곰팡이 복귀론

토담집에서 빗길을 뚫고 백련사 공양간까지 내려왔다. 등산화 속이며 바짓가랑이가 물에 푹 젖었다. 등산화를 벗고 바지 아랫단을 둘둘 말아 접는데 인사하는 얼굴들이 있었다. 모르는 분들이었다. 아픔을 호소하러, 혹은 산속 생활을 접고 정치에 복귀해달라고 요청하기 위한 사람들일 터였다. 아픔에 대한 하소연은 열심히 들어드렸지만, 정치 복귀 요청에는 그저 고개만 끄덕거렸다.

공양간에 들어가 밥과 찬을 접시에 담고 열린 문으로 밖을 내다보니 빗줄기가 가늘어졌다. 나는 빗줄기를 바라보며 한순간 지나가버린 듯한 2년여의 세월을 떠올렸다. 강진으로 내려와 산 2년의 시간을 한순간도 후회하지 않았다는 걸. 다만 부끄러웠을 뿐.

강진으로 내려온 뒤 처음 맞이하는 추석 연휴가 시작되는 9월 6일이었다. 쉬지 않고 차를 몰고 달려와도 일곱 시간은 꼬박 운전을 해야 하는 속초에서 수산업을 하는 최순화 회장이 찾아왔다. 마른 오징어와 생물 생선을 가득 담은 박스를 들고 토담집까지 올라왔다. 쉬엄쉬엄 온다면 아홉 시간이나 열 시간은 걸릴 거리였다. 더군다나 그날은 추석 연휴가 시작되는 날이었다. 그러니 내가 있는 강진까지 내려오는 데 얼마가 걸렸을지 짐작할 수도 없었다.

"차가 밀려서 바로 올라가야 합니다."

최 회장은 오징어와 생물 생선만 건네고 물 한 잔 마신 뒤 서둘러 일어났다. 먼 길 달려온 그에게 밥 한 끼 제대로 대접하지 못한 채 돌려보냈다.

최 회장과의 인연은 10여 년 전 민심대장정 당시 속초에 들렀을 때부터 시작됐다. 그의 주선으로 여덟 명의 선원과 함께 15톤짜리 배를 타고 나가 물고기를 잡고 돌아왔다. 배 두 척이 나갔는데도 새벽 3시에 나가 아침 8시까지 잡은 물고기가 30만 원어치였다. 일을 도우러 나간 내 손이 무색했다. 근해에 물고기가 없다는 말이었다. 그런데 중국 어선들은 수백 척씩 우리 수역을 넘나들며 고기를 잡아간다고 했다. 농업뿐만 아니라 어업도 어렵다는 걸 피부로 깨달았던 시간이었다. 그날 자신의 배에 나를 태운 선장은 배웅하며 그런 말을 했다.

23

"우리가 살기 어렵다고 한 얘기를 한 귀로 듣고 한 귀로 흘리지 마세요."

내가 민심대장정을 떠났을 때보다 지금 국민들 삶이 더 어렵다는 이야기가 들렸다. 총체적인 위기라고들 하는데, 어찌 보면 지금의 모습이 조선 후기와도 닮았다는 생각도 들었다. 요즘 신혼부부들이 아이 낳기를 두려워한다는 말을 듣고는 다산이 지은 「애절양(哀絶陽)」이라는 시가 생각났다.

갈밭 마을 젊은 아낙 울음소리 서러워라
고을 문 향해 울다가 하늘 보고 부르짖네
시아버지 죽어서 이미 상복 입었고
갓난아인 배냇물도 마르지 않았는데
삼대의 이름이 군적에 올라 있다네
칼을 갈아 방 안으로 뛰어드니 피가 자리에 가득하고
남편은 아이 낳아 고난을 만났다고 스스로 한탄하네

낳은 지 사흘 된 아들에게 관청이 군포를 매겼기에 남근을 자른 아기 아버지, 남편의 그 남근을 들고 관청으로 찾아가 항의하는 아내를 그린

시가 「애절양」이다. 한 아이를 낳아 키우기가 버거워 아이를 낳지 않겠다는 젊은 부부들의 생각이나, 남근을 자른 아버지의 심정이나 다를 게 뭐가 있겠는가. 저조한 출산율만 탓할 일이 아니고, 인구절벽만 염려할 일이 아니다. 제도와 정책이 뒷받침해주지 못하는 현실이 문제 아닌가.

추석이 지나고 가을이 깊어지던 11월 초에 딸들도 만나고 여러 볼일들이 있어 서울에 갔다. 그 김에 한국정치학회 회장을 지낸 백영철 교수와 친구인 서울대학교 장달중 교수를 만나 저녁을 먹었다.

"요즘 어찌 지내시나?"

백영철 교수가 물었다.

"정치를 떠난 사람이라 마음 비우고 살지요."

"아니, 지금까지 손 대표께서 해온 일들이 단지 손학규 개인의 권력과 영달을 위한 것이었습니까? 대한민국 사회와 국민을 위해서 한 게 아니란 말입니까? 나라가 이렇게 어지럽고, 국민들이 어려움을 겪는데 손 대표도 어떤 위치, 어떤 역할이 되든 나라와 국민을 위해 몸을 던져야 하는 거 아닙니까?"

백 교수는 열변을 토했다. 나는 부끄러워 얼굴이 달아올랐다. 그러나 그날 강진으로 돌아오는 내내 나는 내 결정이 옳았다는 생각을 되새김

25

질했다.

강진에서 한 해를 넘기고 나서부터 많은 사람들이 찾아와 이 나라를 위해 뭔가 해달라는 말을 하고 돌아갔다. 때로는 복잡한 내 마음을 짐작하기라도 한 듯 말없이 앉아 있다가 돌아가는 사람들도 있었다. 외출했다 돌아와보면 막걸리 두 병을 놓고 간 분도 있었고, 옥수수 한 자루를 툇마루 위에 놓고 간 분도 있었다. 어떤 분은 씨암탉 잡아 대접하겠다며 토담집을 찾아왔고, 활어 운반차를 절간 마당까지 끌고 온 분도 있었다. 강진 읍내에 나가면 찐감자를 건네기도 하고, 막걸리 한 사발을 권하는 분도 있었다. 어떤 분들은 동네 이웃에게 푸념 늘어놓듯 세상 살기 어렵다고 말하고, 또 어떤 분들은 내가 세상으로 되돌아가 정치를 해야 한다고 압박 비슷한 충언을 늘어놓기도 했다.

나를 찾는 사람들이 많아지니까 내 일거수일투족에 언론이 민감하게 반응하기도 했다. 심지어 내가 별생각 없이 한 일도 주목받았다. 2015년 4·29 재보선에서 문재인 대표가 이끄는 새정치민주연합이 새누리당에 완패하자 나의 정치 복귀를 요구하는 사람들의 목소리도 높아졌다.

"여러분들이 그런 이야기를 자꾸 하시면 저도 마음이 무겁고, 우리 국민들을 위해 무언가 역할을 해야 하지 않을까 하는 생각이 곰팡이처럼 피어나곤 하지만, 산생활로 깨끗이 씻어내고 있습니다."

재보선이 끝나고 얼마 지나지 않은 5월 어느 날, 지난 대선 경선 때 나를 열심히 도와준 박양배 씨의 장모상에 문상을 갔다가 지지자들과 광주에서 막걸리를 마시며 한 이야기였다. 지지자들은 이구동성으로 야권이 선거에서 완패를 해서 더 이상 희망이 없고 대한민국의 미래가 안 보이니 내가 정치 복귀를 해야 한다고 아우성이었다. 나는 정치에 복귀할 수 없다는 이야기를 하다가 문득 얼마 전 토담집 벽에 핀 곰팡이들을 청소한 게 떠올라서 그렇게 말한 것이다. 그런데 다음 날 뉴스는 '손학규 정치 복귀론'으로 변질된 기사들로 도배되었다.

당혹스러웠다. 나의 정치 복귀를 빗댄 곰팡이 시리즈 패러디가 인터넷에 들불처럼 퍼졌다는 이야기는 나중에 전해 들었다. 나는 모든 정치적 짐들로부터 벗어나려고 일부러 먼 길을 마다 않고 강진까지 내려왔는데, 사람들은 귀양살이로 강진에 내려와서 백성들 고민으로 살았던 다산이 되라고 말하고 있는 듯했다.

다산의 강진과 나의 강진

정치계에서의 은퇴를 선언하고 아내와 함께 강진으로 내려온 게 2014년 8월 5일이었다. 아내와 나는 첫날은 마량에서 자고, 다음 날 강철석 씨 등 마량의 지인들과 점심을 먹고 다산초당 밑에 자리를 잡은 다산회관에 짐을 풀었다. 아침에 윤명국 처장에게 연락했더니 광주에서 득달같이 내려와서 다산회관에 머물 수 있도록 알선해주었다. 윤 처장은 내가 여기 꽤 머물 것을 알고는 좋아하던 술도 담배도 완전히 끊고 이곳에서 전적으로 나를 돌봐주고 있다. 짐이라야 옷가지 몇 벌하고 읽고 있던 책과 앞으로 읽으려던 책들이 전부였다. 짐을 대충 정리하고 다산초당으로 산책을 나갔다. 다산초당에 들어설 때 문득, 다산의 유배 생활과 실학정신을 몸으로 부딪치고 체험해보고 싶다는 생각이 들었다.

다음 날 일찍 깨어 다산과 관련한 책을 보고 있는데 앞집에서 사는 윤동환 전 군수가 인사를 왔다. 윤 군수와 다실로 자리를 옮겨 차 한 잔하고 아침을 맛있게 먹었다. 윤 군수는 다산을 오랫동안 깊이 연구해온 학자이기도 했다. 그와 주로 다산의 업적에 대해 이야기 나누었다. 며칠 다산회관에서 묵으며 다산의 책을 읽거나, 백련사로 산책을 나가거나, 강진 사람들과 어울려 저녁을 먹거나 막걸리를 마시며 지냈다. 앞으로 어디에서 살지를 정하느라 다산초당 인근을 둘러보기도 했다.

다산은 1801년 강진으로 유배를 왔다. 하지만 마땅히 갈 곳이 없었을 것이다. 천주교를 비롯한 서학과 인연이 깊다는 혐의로 조정으로부터 내쳐진 그였기에 강진의 선비들도 쉽게 그를 받아들이지 못했을 터였다. 강진에 내려온 그해, 그는 어느 노파의 주막에 여장을 풀었다. 다산은 그 토담집에서 아전들의 자제들을 가르치며 4년을 지낸 뒤 고성사의 보은산방과 제자 이청의 집을 거쳐 지금의 다산초당에 자리를 잡았다. 1808년 봄의 일이었다.

다산초당에서 백련사로 산책을 다니며 여연 스님을 알게 되었다. 꾸밈이 없으면서 속이 꽉 차 있는 분이라는 게 첫 만남 첫 느낌이었다. 백련사 위쪽 만덕산 자락에 토굴이 있다는 이야기를 듣고 귀가 번쩍 뜨였다. 토굴은 스님들이 수행 정진을 위해 지어놓은 허술한 집을 말하는데, 그 토굴이 비어 있다는 것이다.

올라가봤다. 그 집은 사람이 살지 않은 지 1년 반이나 되어서 마치 폐가 같았다. 툇마루를 밟고 올라서서 방 안을 들여다봤다. 정면에 벽장이 있고, 왼편에 작은 방이 하나 더 있었다. 벽장은 부처님을 모시는 자리인 듯, 달마대사 그림이 하나 놓여 있었다. 벽장은 곰팡이로 시커멓게 물들어 있었다. 방 안은 온통 거미줄투성이였고, 처마 밑 구석구석에도 거미줄이 뿌옇게 진을 치고 있었다. 방바닥에는 쓰레기도 가득했다. 슬레이트 지붕은 군데군데 깨졌고, 빗물이 흐르면서 벽지는 검게 물들어 곰팡이 냄새가 진동했다. 뒤쪽에는 부엌과 창고도 딸려 있었는데, 부엌은 전체가 그을음으로 새카만 거미줄과 곰팡이가 그득그득했다.

"귀신 소굴이 따로 없습니다."

같이 따라온 절의 청년이 집을 둘러보고 혀를 내둘렀다.

"한 반나절 청소하면 쓸 만하겠는데…."

내게는 훌륭한 집으로만 보였다. 나는 청년에게 불을 때달라고 부탁하고 내일 오겠다고 했다.

다음 날, 이불이며 옷가지를 간단히 챙겨갖고 올라왔다. 한여름인데도 방바닥은 냉기로 싸늘했고, 방 안은 온통 시커먼 곰팡이 천지였다. 내가 나서서 집 안을 치우기 시작했다. 방 안을 치우고 온갖 버려진 것들을 챙겨놓으니 폐가도 그럭저럭 사람이 살 만한 집처럼 되었다. 서너 시간 남짓 움직이자 그런대로 엉덩이 붙일 만한 곳이 만들어졌다. 아궁이에 불을 지피니 방이 눅눅하기는 여전했으나 그런대로 이불 깔고 누울 만했다. 불이 무언지, 굴뚝으로 스멀스멀 흘러나오는 연기를 보자 사람이 살아도 되겠다는 생각이 들었다. 방에 생기도 돌기 시작했다.

툇마루에 앉아 숨을 돌리면서 사방을 둘러봤다. 집 좌측에는 후박나무가, 우측에는 동백나무가 파수꾼처럼 서 있고, 산 아래로 내려가는 길에는 야생 차나무가 밀림처럼 빽빽이 들어차 있다. 무엇보다 마음에 들었던 건 전망이었다.

강진만이 한눈에 내려다보이는데, 마량의 끝은 물론 완도군에 속한 고금도가 강진만을 가로막고, 등성이에는 신지도 끝자락이 걸려 있었다. 강진만 맞은편을 향해 달리고 있는 산자락 뒤에는 장흥의 천관산이 위용을 떨치고, 산 위에 의젓하게 흐르는 구름은 쉬지 않고 자태를 바꾸고 있었다. 멀리서 고깃배가 오갔으며, 집 뒤편은 만덕산의 나무들이 병풍처럼 둘러쳐져 있다. 이 집은 백련사를 지나 산 위쪽으로 오른 길에 있는 조그만 터에 자리를 잡고 있는데, 마치 어머니의 품 안으로 깊이 안긴 형국이었다.

2. 다산 선생, 내가 뭘 해야 하겠소?

만인이 지은 집

깨진 슬레이트 지붕 위에 플라스틱 지붕을 덧씌우고, 심하게 훼손된 벽지를 다시 바르고 나니 마음이 편해졌다. 광주일보사에 근무하는 남철희 기자가 고생을 많이 해주었다. 어느 날 우리 집 사진이 네이버와 다음 검색 순위 1위에 올랐다는 소식이 들렸다. 더구나 기사 제목이 '뱀이 우글거리는 토굴에 칩거 중'이라고 나와 사방에서 전화가 왔다.

토굴에 올라온 지 열흘쯤 되었을까? 하루는 해남에 사는 박동인 씨가 올라왔다. 박동인 씨는 전남에서 바닷가에 버려진 불그스레한 풀을 함초로 개발해 '신지식인'이 된 분으로 나와는 오랜 인연을 맺은 사이다. 그이가 찍은 토굴 사진을 자신의 카카오톡에 올렸더니, 여차저차 언론인들에게도 흘러간 것 같다고 했다. 하기야 집 주위에 뱀들이 많이 사니 틀린 말도 아니긴 했다.

언제부턴가 사람들이 우리 토굴을 '토담집'이라 불렀다. 내가 보기에도 깊은 산속 명당에 자리를 잡은 그럴 듯한 집이다. 한 평 남짓한 방 하나와 거실이자 서재로 쓰는 평반의 방 하나, 그렇게 두 개의 작은 방이 있고, 서너 명이 앉을 수 있는 툇마루와 부엌이 전부다. 우리 부부가 누우면 꽉 차는 좁은 방이지만, 넘치지도 모자라지도 않는다.

일상에서 쓰는 물은 산에서 내려오는 암반수를 호스로 받아서 쓴다. 물이 좋기는 하나 자주 막혀서 고생을 좀 한다. 금년에는 가물어서 그나마 물이 끊겨 더 고생을 했다. 동네 사람들이 올라와 폐목을 자르고 날라다 주어 부족함 없이 뜨뜻한 겨울을 날 수 있었다. 작년 가을에는 영암에 사는 정광헌 씨가 가까운 지역의 지지자들과 함께 집 주위를 장작으로 가득 메워놓았다. 고생하는 이들에게 내가 대접해줄 수 있는 거라곤 차 한 잔이나 막걸리 한 잔에 불과했다.

지금 토담집은 세상의 그 어느 곳보다 아름답고 풍성한 곳이다. 세상에 대한 욕심을 내려놓기에 더없이 좋은, 아니 어떤 욕심도 생길 수가 없는 집이 생겼다는 게 신기했다. 많은 분들이 아무런 사심 없이 조금씩 힘을 보태고 정성을 모아준 덕에 이런 훌륭한 집이 만들어진 것이다. 고맙고 감사했다.

토담집에 이름도 붙였다. 만덕산방(萬德山房). 많은 덕을 베풀어야 하는 집인가 보다. 만능 손재주꾼인 강종유 씨가 만든 대나무 평상은 토담집의 격을 한 단계 높여주었다. 그 예술품에 앉아 강진만을 내려다볼 때마다 다산초당이 부럽지 않았다.

하루는 평상에 앉아 거미가 집 짓는 걸 두 시간 남짓 아무 생각 없이 지켜보았다. 거미가 집을 짓는 기술도 대단하려니와 그 모양 또한 인간이라면 흉내낼 수 없을 만큼 아름다웠다. 그러다가 한 가지 깨달은 게 있다. 거미줄은 먹이가 여러 차례 걸려들면 느슨해지거나 해지기 마련이다. 그러면 거미가 예전 집을 버리고 새 집을 짓는다는 사실이었다. 단순하고 명쾌한 사실이었다. 먹이를 새로 잡으려면 새 집을 지어야 한다는 것. 지금 이 시대에 새로운 집이 필요하다는 생각이 든 건 그때부터였을까?

토담집에 정착하고 나서 다산이 쓴 책들을 읽었다. 내가 대학교를 다니던 시절에는 다산의 저서에 대한 출판물도 적었고, 다산에 대한 연구서 같은 것들도 찾아보기 힘들었다. 뒤늦게나마 다산을 공부하면서 그가 위대할 뿐만 아니라 지독한 인물이라는 것도 알게 되었다. 오랫동안 앉아서 책을 읽고 글을 쓰다 보니 엉덩이가 헐어서 방바닥에 앉을 수가 없게 되자, 벽에 선반을 걸어두고 서서 집필을 했을 정도로 저술에 몰두했다는 것이다. 그 열정을 누가 감히 따라갈 수 있을까. 500권이 넘는 저작을 남겼던 바, 양도 양이지만 그 책들에 담긴 철학과 사상이 역사를 뛰어넘어 이 시대에도 필요한 것들이라 더욱더 가슴에 와 닿았다. 방문객들과 차 한 잔 하다가 다산이 지독한 사람이라는 말을 많이 하곤 했다.

"지독하기는 대표님도 마찬가지입니다."

그들의 대답이었다.

하긴 토굴을 보고 나서 거처로 삼겠다고 했을 때 주변에서 만류가 심했다. 생활하는 데 너무 불편하지 않겠느냐는 것이었다.

"걱정 마세요. 길어야 일주일이면 내려오실 겁니다. 큰 스님들도 토굴에 올라가서 아무리 길어야 3개월, 오래 계셔도 6개월이면 내려오시니까."

여연 스님이 윤명국 처장에게 하셨다는 말씀이다. 정말로 불편이 이유라면 아마 일주일도 버티지 못하고 내려왔을지도 몰랐다. 물론 다산과 나를 비교할 건 아니다. 애초 강진에 머문 뜻이 달랐기 때문이었다. 다산은 유배를 왔고, 나는 내가 가진 많은 걸 내려놓으려 왔으니까. 공통점이 하나 있다면, 다산과 나 모두 정치 일선을 떠난 후에 오히려 나라와 국민에 대한 염려와 걱정이 더 깊어졌다는 점이다. 토굴을 찾은 방문객

35

을 통해서 국민들이 겪고 있는 고통에 대한 사례를 접한 날에는 어김없이 밤잠을 설치곤 했다.

내가 민심대장정을 나섰을 때가 10년 전 여름이었다. 내가 만난 사람들은 대부분 고통 속에서 분노하고 있었다. 그때 만난 농부, 어부, 광부, 노동자, 자영업자 모두가 고달파했다. 빚에 허덕이는 농부들, 텅 빈 바다에서 끌어올린 빈 그물을 보며 한숨 짓는 어부들, 두려움을 안은 채 탄광으로 들어가는 광부들, 대기업의 횡포에 하루하루를 불안하게 살아가는 하청업체 노동자들, 하루 일거리를 찾지 못해 빈손으로 귀가하던 일용직 근로자들, 월세와 운영비 등 나가는 돈은 많은데 매상은 점점 줄어든다며 한숨 짓던 자영업자들…. 그들 모두 내게 많은 걸 들려주었다. 대부분 가슴 아픈 이야기들이었다.

그때 들었던 말 중에 지금껏 잊을 수 없는 말이 있다. 민심대장정을 나서고 두 달쯤 흘렀을 때다. 그날은 청주의 인력관리센터를 방문했다. 속칭 '인력시장'인데, 그곳에서는 아침 식사를 제공했다. 나도 배식을 받아 들고 그들 곁에 앉아 이런저런 걸 물었다. 그러자 한 사내가 갑자기 벌떡 일어나 자리를 옮겼다.

"에이 씨발, 밥도 못 먹게…."

그런 말을 들었으면 기분이 나빠야 하는데 오히려 가슴이 먹먹하고 마음이 아팠다. 어쩌면 그 사내에게는 그 밥 한 끼가 그날 식사의 전부였을 수도 있다. '보좌관들이 짜준 일정대로 일반인들과 소통하는 척 쇼하는 정치인 놈' 때문에 그는 밥맛이 떨어졌을 것이다. 처음 민심대장정을 떠날 때는 나한테서 전형적인 정치인 냄새가 났나 보다. 그런데 한 달이 지나고 두 달이 지나면서 나는 순례자가 되어 전국을 돌고 있었다. 떠나기 전부터 많은 사람들이 내게 충고를 했다.

'정치인은 정치 1번지를 벗어나면 안 된다. 그 민심대장정인지 민생투어인지를 하려거든 짧게, 한 달만 다녀와라. 물론 그냥 왔는지 안 왔는지도 모르게 하면 안 된다. 이벤트를 엮어라. 뉴스를 만들어라. TV에 자주 나와라. 이슈에서 벗어난 정치인은 국민들이 기억해주지 않는다.'

그분들의 충고를 따랐다면 현재의 나의 모습은 어떻게 달라졌을까?

삼시 세끼

오늘도 점심 먹고 아내와 함께 강진 5일장을 다녀왔다. 시장은 깨끗하게 정돈되었고 주차장도 넓었지만, 장은 썰렁했다. 어디든 다르지 않다는 말도 들었다. 농부는 여전히 빚에 허덕이고, 어부들은 더 힘들어졌고, 노동자들의 삶은 더 어려워졌다. 양극화는 10년 전보다 더 심해졌고, 실업률은 물론 심지어 자살률도 높아져가는 나라가 되었다. 국민들의 가슴을 아프게 하는 사건들이 수시로 발생했다. 10년 전보다 조금이라도 국민들의 삶이 더 윤택해져야 하건만, 오히려 더 깊은 수렁으로 내몰리고 있었다. 토담집으로 돌아오는 산길이 오늘따라 미안하고 부끄러웠다.

　어느 날 아내와 마량항 부근의 수산시장을 들렀다. 시장을 둘러보며 저 많은 생선가게들이 다들 어찌 먹고 사는지 모르겠다는 생각이 먼저 들었다. 아내는 큰 병어 한 마리가 5,000원인데도 살 수 없다며 섭섭해했다. 아내와 나는 토담집에서 취사를 하지 않았기 때문이다. 그래서 인심도 후한 시장에서 우리는 빈손으로 돌아왔다.

　토담집을 거처로 정할 때 아내와 나는 취사를 하지 말자고 약속했다. 번거로움도 번거로움이지만, 행여 깊은 산을 두 사람이 먹는 일로 오염시키지 않을까 염려했기 때문이다. 아침은 가볍게 과일로 해결하고, 점심은 백련사 공양간의 신세를 좀 지고, 저녁은 고구마나 감자, 삶은 달걀로 해결했다. 어쩌다 손님이라도 찾아오면 막걸리를 곁들이기도 했다. 특별한 일이 없는 한, 나는 아내와 함께 백련사에서 점심 공양을 끝내면 동백림 숲길을 걸어 다산초당에 들렀다가 토담집으로 돌아오는 산행을 거르지 않았다.

다산이 강진에 내려와 처음 몸을 의탁했던 곳은 읍내의 주막이었다. 다산은 주막집 노파의 배려로 거기서 4년간 기거하며 책을 쓰고 제자들을 가르쳤다. 그 주막이 '사의재(四宜齋)'다. 다산이 자기 방에 붙인 이름으로, 사의재란 '네 가지를 마땅히 해야 할 방'이라는 뜻인데, 그 네 가지는 곧 맑은 생각과 엄숙한 용모, 과묵한 말씨, 진중한 처신을 일컫는다. 지금은 강진군청에서 좀 떨어진 길목에 있고, 그 앞에 '사의재길'이라는 도로명도 생겼다.

나 역시 사의재를 떠올리면서 '오늘 맑은 생각을 했는가?', 토담집을 나설 때마다 '용모는 단정히 갖추었는가?', 사람들에게 말을 건넬 때 '믿음을 주었는가?', 그리고 '처신을 바르게 했는가?' 하고 스스로에게 물었다. 평소 토담집에서는 활동하기 편한 옷을 입지만, 손님을 만나거나 사람들이 많이 드나드는 곳에 가야 할 때는 단정한 옷을 준비해 입고 나가려고 신경 썼다. 산행을 하거나 편한 복장으로 다녀오는 길에 갑작스럽게 약속이라도 잡히면 차 안에서라도 옷을 갈아입을 수 있게 준비했다.

민심대장정을 다닐 때는 주변의 오해를 사기도 했다. 수염이야 깎을

39

여유도 없고 나중에는 일부러 길렀지만, 오늘 노동으로 만신창이가 되어도 다음 날에는 말끔한 차림으로 나타났기 때문이다. 그래서 늘 이런 말이 등에 붙었다.

"아마 호텔에서 자고 나온 모양이야."

그래도 별 대꾸를 하지 않았다. 아는 사람들은 알기 때문이었다. 100일이 넘는 동안 전국을 돌면서 호텔에서 잠을 청해본 적이 없다. 현장에서 가깝고 씻을 물만 있으면 마다하지 않았다. 당장 눕고 싶을 정도로 지쳤으니 이런저런 걸 따질 수가 없었던 것이다. 어차피 민심을 살피러 나섰으니 현장 사람들과 함께 자고 움직이면 될 일이기도 했다. 하지만 옷은 늘 단정하게 입을 수 있도록 항상 준비했다.

다산사상의 뿌리는 백성들의 삶, 즉 '민생(民生)'이다. 민생이야말로 다산사상의 시작이고 끝이다. 다산사상의 실천 덕목인 '신아지구방(新我之舊邦, 낡은 조선을 개혁하여 새롭게 한다)'은 민심을 기반으로 하는 민본사상(民本思想)과, 백성들을 도탄에서 구하기 위해 세상을 다스린다는 경세제민(經世濟民)에서 시작되었다. 이는 매일 다산초당으로 가는 산책길에서의 내 화두이기도 했다.

국민(民)을 근본(本)으로 하고 있는가? 나라와 국민의 현실과 미래를 걱정하고 있는가? 어려운 사람들의 처지와, 이를 개선할 방안을 먼저 생각하는가?

덕(德)을 실천하고 있는가? 인(仁)으로 사람을 대하는가? 사람에 대한 사랑이 마음의 바탕에 있는가? 사인여천(事人如天), 즉 하늘을 공경하듯이 사람들을 대하는가?

부지런(勤)한가? 해야 할 일을 제대로 하고 있는가? 규칙적인 생활과 운동으로 건강을 지키고 있는가? 항상 책을 읽고 있는가? 명상한다고 앉아서 망상에 젖어 있는 것은 아닌가?

통합(和)에 모든 것을 쏟고 있는가? 진정으로 평화를 위해 나의 모든 것을 바치고 있는가? 마음의 평화를 이루고 있는가? 진정으로 마음을 비우고, 욕심을 버리고 있는가?

순리(然)대로 가는가? 자연에 순응하는가? 자연을 배우는 자세를 갖췄는가? 자연과 함께 제대로 마음을 비우고 있는가? 생명 존중의 마음을 제대로 갖고 있는가? 우주의 섭리를 추구하고 있는가?

강진에 내려와 다산을 더 깊이 알게 된 이 모든 게 다산이 내게 주는 선물이라는 생각이 들 때가 있다. 그러니 이제 내가 무엇을 해야 하는가?

어느 날 아내가 딸을 보러 서울에 간 사이에 아는 분이 찾아와 차 한 잔을 했다. 마침 여우비가 지나고 있어 방 안으로 들어가야 했다. 나는 방바닥의 먼지며 쓰레기들을 걸레로 급히 쓸어 모았다.

"대표님이 직접 청소하십니까?"

물론이다. 손님이 마시고 간 찻잔까지 가급적 내 손으로 설거지하려고 노력한다. 어느 날엔가 몸이 좀 찌뿌듯해 아내에게 이런저런 자잘한 일들을 부탁하다가 잘못을 깨달았다. 내가 귀찮은 일은 남에게도 시키지 말아야 한다. 그런데 행동이 따르지 않는 철학은 얼마나 공허한가. 다산도 그런 점들을 경계하라 말했다.

다산은 사대부들에게도 가벼운 농사는 직접 지으라고 권했다. 직접 채소를 심고 과일나무를 돌보면서 농민들의 어려운 생활을 떠올려보라고 권한 것이다. 사대부들도 집 주위에 과일나무를 심고 채소를 가꾸어 생활에 보태라는 다산의 생각은 바로 실학의 기초이자 관리와 정치인이 취해야 할 자세이기도 할 것이다.

점심 공양을 끝내고 토담집에 올라와보니 윤명국 처장이 복숭아 두 개와 무화과 한 상자를 들고 서 있었다.

"복숭아는 안양에서 오신 한 신사분이 두고 가셨습니다. 무화과는 해남서 오신 분이 놓고 가셨고요. 함자와 전화번호를 물어보니까 대표님께서 여기 계신다기에 들러보러 온 거라며 그냥 내려갔습니다."

복숭아 두 개와 무화과 한 상자. 이름도 밝히지 않은 분들이 내게 보낸 선물이었다. 복숭아 두 개라야 값이 얼마나 하겠는가? 안양에서 백련사까지 먼 길을 와서 복숭아 두 개 내려놓고 가는 그 마음이 애틋하고 고마웠다. 말없이 찾아와 조용히 마음을 전하고 간 사람들의 심사를 어찌 모르겠는가. 내게 할 말이 있어 찾아와 백련사 공양간 마당을 빙빙 돌다가 그냥 내려간 분들은 또 얼마나 많았던가. 만감이 교차했다. 차라도 한 잔 대접할 걸….

그 길밖에
길이 없어

2장

1. 아름다운 시절

청년의 길

강진에서의 하루는 어떻게 지나는지 모를 정도로 빠르게 지나갔다. 아침에 일어나 명상하고, 산책하고, 운동하고, 일지 쓰고, 강아지와 놀고, 책 좀 읽고 나면 오전이 후딱 지나갔다. 점심 공양하고 나서는 다산초당까지 산책하고 만덕산을 걸어서 토담집으로 돌아왔다. 어떤 날은 흔히 깃대봉으로 불리는 석름봉 꼭대기까지 올라갔다 온다. 오후에는 책상에 앉아 책을 보거나 글을 썼다. 손님이 찾아오면 차담을 나눴다.

저녁이 되어 아궁이에 불 지피고, 고구마나 감자로 저녁을 먹으면 날이 저물었다. 밤에는 아내와 평상에 앉아 막걸리잔을 놓고 별을 보며 이야기를 나누다가 시를 읊거나 노래를 부르며 한가한 시간을 즐겼다. 마루에 앉아 명상을 하고 잠자리에 들었다. 하루를 좀 더 알차고 의미 있게 보내야겠다는 다짐을 하곤 했다.

강진살이가 길어지면서 찾아오는 분들도 많아졌고, 세상 이야기를 늘어놓는 분들도 많아졌다. 무엇보다 서민들의 고통을 외면하지 말고 돌아와달라는 청을 하는 분들이 많아졌다. 돌이켜보면 나는 대학교에 입학하기 전부터 단 하나의 길을 걸어왔던 것 같다. 그래서겠지만 청년 시절에는 조국을 내 가슴의 중심에 두고 열정적으로 살았다. 나의 현재 는 그러니까 50년쯤 전에 이미 결정된 것인지도 몰랐다.

오늘은 유독 오래 전에 세상을 등진 제정구 의원의 얼굴이 떠올랐다. 서로 정신적으로 의지했던 대학 친구였다. 나보다 세 살 많지만 학교로 는 1년 후배인 그도 학생 시절 학생운동과 노동운동 그리고 빈민운동에 헌신했었다. 그가 세상을 떠난 지 벌써 17년이 되었다. 그가 살아 있었 다면 우리나라의 빈민운동과 정치의 역사도 많이 달라졌을 거라는 생각 이 들곤 했다.

나의 운동은 대학교에 입학하면서 시작되었다. 한일회담 반대 시위 였다. 나는 자연스럽게 서울대학교 문리과 대학을 중심으로 한 학생운 동의 한복판으로 들어섰다. 결과적으로 그 연장선상에서 박정희 유신독재에 저항하는 민주화운동에 전적으로 투신하게 되었다. 그렇다고 정치인이 되겠다는 생각을 하지는 않았다.

정치학과에 들어갈 때도 정치를 하겠다는 생각은 없었다. 원래 고등학교 1학년 때까지만 하더라도 처음에는 농대를 가려고 했다. 고등학교 1학년 때 서울 농대 교수이면서 국민재건운동본부장이셨던 유달영 선생이 쓴 책『새 역사를 위하여』를 읽고 심취해서 농민지도자가 될 생각을 했었다.

내가 묵는 토담집 왼편에 작은 텃밭이 있다. 텃밭에는 토마토와 오이, 고추, 그리고 토종 민들레인 흰민들레가 자라고 있다. 가지치기와 김매기 정도만 해주고 자연스럽게 자라도록 내버려두는데, 그렇게 자란 토마토나 오이가 생김새는 매끈하지 않아도 맛은 일품이다. 찾아온 손님들께 내가 키운 야채들을 내놓고 막걸리잔을 기울이곤 할 때면 간혹 고등학생 시절 생각이 났다. 농민지도자가 되려고 했던 생각이다. 그러다가 우리나라가 빠른 속도로 공업화가 진행되는 걸 보면서 공대에 들어가 공업입국에 기여해야겠다는 생각도 했었다.

그 뒤 어느 때부턴가 좀 더 근본적인 고민을 하게 되었다. 내가 한 사람의 농업기술자나 공업기술자가 되어봤자 나라를 잘살게 하는 데 얼마나 기여할 수 있을까? 예나 지금이나 중요한 것은 정치다. 정치 이념이 바로 서야 나라도 바로 서지 않겠는가 하는 생각이 들었다. 그때부터 정치학과가 내 머릿속에 맴돌기 시작했다. 내 머릿속에 언제부터 '정치 이념'이라는 개념이 들기 시작했는지는 지금도 분명치 않다. 분명한 것은 내가 정치인이 되어야겠다는 생각은 없이 정치 이념을 바로 세워야 한다는 생각을 한 것이다.

친구들이 물으면 철학과에 간다고 말했다. 왠지 '정치학과'라는 것이 쑥스러웠다. 집에서의 반대도 심했다. 내 나이 세 살에 아버지가 교통사고로 돌아가셔서 큰형이 우리 집안의 경제를 책임지고 실질적 가장 역할을 했는데, 내가 정치학과에 간다니 반대하지 않을 수 없었던 것이다. 하긴 세상에 '데모과'에 가겠다는 동생을 만류하지 않을 사람이 어디 있겠는가. 큰형은 처음에는 공대에 가라고 했다. 안정적인 직장을 얻어 편안한 삶을 살라는 뜻이었다. 나는 문과라고 하니, 그러면 상대를 가거나 아니면 법대를 가서 어느 정도 자리를 잡은 후에 정치를 하라고 말했다. 그러나 형이 내 고집을 꺾지는 못했다.

"학규야, 이 어지러운 세상에서 정치를 해선 뭐하게?"

"정치하려고 그러는 거 아닙니다, 형님."

그때의 심정이 그랬다. 정치학과를 지망하면서도 정치를 하지 않겠다는 것이 일견 모순으로 들릴지도 몰랐다. 내가 생각해도 별로 이해가 되지 않았지만, 그것은 사실이었다. 다만 정치적인 사건들에 대해서는 관심이 많았다. 중학교 다닐 때부터 집에 오던 「동아일보」를 열심히 읽었고, 4·19 혁명 후에 있었던 국회의원 선거 유세장에 중학교 2학년의 신분으로 열심히 쫓아다녔던 기억도 났다.

아주 선명한 기억이 하나가 있다. 4·19날 학교에서 학생들을 일찍 집으로 돌려보냈는데 마침 집으로 돌아가던 길에 나는 지금의 광화문, 그때의 중앙청 앞에서 데모대를 만나게 되었다. 서울고등학교 2학년 학생이 차 위에 올라가서 데모대를 이끌었는데, 그 모습에 넋을 잃고 데모대를 따라다녔다. 정치학과의 선택은 이렇듯 내게는 자연스럽고 운명 같은 것이었다.

애국심만으로

누군가 내가 외출한 사이 토담집에 찾아와 마당에 글을 적어놓고 갔다.

내가 중심에 있음을 알 때
세상이 나를 향해 움직인다

중심을 보여라(?)

그때 세상이 따른다

세상이 ???아닌(?)

네가 먼저 가라(?)

정철(?)

밤이 늦어 제대로 읽을 수가 없다 보니 아침에 자세히 보자고 생각했는데 간밤에 비가 와서 글씨가 많이 뭉개져서 제대로 읽을 수가 없었다. 어떤 분인지는 몰라도 나에게 중심을 잡고 주체적으로 나서라고 주문하신 것 같았다. 많은 국민들이 기대를 갖고 지켜보고 있다는 걸 알려주는 글귀였다. 정치를 떠난 사람이 어떻게 중심에 설 수 있겠는가? 정치에 발을 들여놓지 않고는 불가능한 일을 국민들이 자꾸만 내게 주문했다. 애초에 정치학과를 선택할 때부터 내게는 다른 선택지가 없었던 것은 아닐까.

우리 집안은 내가 정치적인 꿈을 갖고 자랄 형편은 아니었다. 아버지가 돌아가신 후 어머니 혼자 몸으로 7남매를 키워야만 했다. 자식을 염려한 모든 부모들이 그러하듯이, 우리 어머니도 "조금 먹고 가는 똥 싸라"고 가르치셨다. 나는 소시민적인 생각을 할 수밖에 없었다.

더욱이 아버지를 세 살 때 여의고 '아버지는 무엇인가?' 하는 부러움과 동경 속에서 주눅이 든 어린 시절을 보낸 내가, 어릴 때부터 정치적인 야망 같은 것을 키운다는 건 상상도 할 수 없었다. 추석이나 설날이 되면 동네 아이들이 설빔을 입고 나와서 자랑을 했다. 아버지가 어제 영등포 시장에 가서 사다준 것이라고. 나는 멀거니 서서 생각했다. '아버지는 무엇을 하나? 아버지는 어떤 사람인가?' 나는 초등학교, 중학교 시절 내내 내성적인 성격으로 남 앞에 잘 나서지 못하는 축이었다.

6·25 전란 후라 우리 집 남의 집 할 것 없이 다 어려운 생활을 하고 있을 때지만, 아버지가 일찍 돌아가셔서 어머니가 고생을 많이 하셨다. 어머니는 아침 일찍 산에 가서 나무를 해오시고, 낮에는 밭에 나가 김을 매고, 오후에는 채소를 솎아 장에 나가 팔았다. 그때는 밭농사에 거름을 쓰던 때라, 어머니가 똥독이 올라 손이 퉁퉁 부어 있었던 것이 지금도 눈에 선하다. 그래도 동네 사람들은 어머니가 밭에서 똥거름 주며 일할 때는 "교장 사모님이 저렇게 고생하시는 것을 앞에서 보기가 면구스럽다"며 길을 돌아갔다고 한다.

어머니는 엄격하셨다. 동네 사람들에게 '애비 없이 자란 놈들' 소리 듣지 않게 하느라고 우리들을 엄하게 키우셨다. 내가 막내인데, '엄마' 소리를 한 기억이 없었다. '어머니'라고 불렀다. 한번은 학교에서 돌아오

51

다가 밭에서 오이를 두 개 '서리'해서 하나는 먹고 하나는 집에 돌아와서 마루 뒤편에 숨겨두었는데 어머니한테 들켰다. 평소 아이들에게 손찌검은 안 하시던 어머니가 나에게 매를 들고 엄하게 때리셨다. 언젠가는 옥수수 찐 것을 길에서 팔고 있는데 저쪽에서 담임선생님이 오셔서 광주리를 놓고 그냥 달아났던 기억도 있다.

성격은 내성적이었지만 나는 이것저것에 관심이 많아 다양한 활동을 했다. 중학생 때는 매일 학교 도서관에서 열심히 책을 읽었다. 검도반에도 들어가고, 유도반에도 들어갔다가, 밴드반에 들어가서 자리를 잡았다. 트럼펫을 불었는데, 고등학생 때는 조회 시간에 국기에 대한 경례를 할 때 솔로로 트럼펫을 불 수 있게 되었다. 그런데도 연극이 하고 싶어서 연극반으로 가려고 했다. 밴드반 선배한테 '빳다'를 30대나 맞고 옮겨 갔다.

경기중학교에 다닐 때에는 아직도 촌놈 티를 벗지 못해 뒤에서 쭈뼛쭈뼛한 경우도 많았다. 중학생 때 겨울에는 체육시간에 삼청공원에 가서 스케이트를 탔는데, 나는 스케이트가 없어서 다른 아이들이 스케이트 타는 것을 구경만 했다. 큰형이 우리 집 경제를 맡고 있었는데, 차마 스케이트를 사달란 말이 나오지 않았다. 우리 반에는 스케이트가 없는 학생이 나 말고 또 한 아이가 있었다. 그 이야기를 들은 둘째 형이 다음 해에 사관학교 생도 봉급으로 스케이트를 사줬다. 그 덕에 고등학교 1학년 때는 한강에서 스케이트를 탔다. 어렵기는 했어도 즐거웠던 중고등학교 생활 속에서도 나는 신문을 꼬박꼬박 읽고 선거 유세도 따라다니면서 정치에 대한 식견을 높여갔다.

대학교에서도 정치학과에 들어갔지만 정치를 한다는 생각은 못 했다. 다만 애국심은 항상 마음속에 가득했다. 한일회담 반대 데모에 적극 가담한 것도 한·일 관계에 대해 깊이 있는 공부를 해서라기보다는 단순히 애국심의 발로였다. '일제 치하에서 벗어난 지가 언젠데 또 다시 나라를 일본에 팔아먹는다니!'라는 의분에서였다.

나는 데모에 열심히 참여했다. 1학년 때는 데모대 맨 앞에서 플래카드를 잡고 나가거나 리어카로 돌을 열심히 실어 날랐다. 데모에 나갈 때마다 동대문 경찰서에 붙들려가서 실컷 두들겨 맞고 나왔다. 단식할 때는 꼼짝 안 하고 사흘 낮밤 내내 그 자리에 앉아 있었다. 그래야 하는 줄 알았다. 나라 사랑은 진정으로 해야 한다고 믿었기 때문이었다. 한번은 데모대에 줄서서 나가려는데 누군가가 나를 끌어내리려고 했다. 가까운 고등학생 시절 선배였다.

"학규야, 데모꾼들은 자기들 목적을 위해서 저러는 거야. 넌 지금 이용당하고 있어. 저놈들은 시위대 맨 앞에 나가는 척하다가 금방 뒤로 빠지고, 결국 너같이 순진한 놈만 다쳐."

나는 선배의 손을 뿌리쳤다.

그때 경기고등학교 출신들은 일반적으로 데모에 별로 가담하지 않았다.

토담집에 거처를 정하고 나서 두어 달 지났을 무렵, 대문과 담이 없다 보니 사람들이 집 안에 쉽게 드나들곤 했다. 찾아와주니 고맙기는 했지만, 예고도 없이 불쑥불쑥 찾아드는 불청객들로 마음이 신산스러웠다. 어느 땐 방에서 나오는데 마당으로 들어선 사람들이 불쑥 인사를 하는 바람에 놀라기도 했다. 또 어떤 날에는 등산객이 찾아와 다시 정치를 하라며 막무가내로 고집을 부리기도 했다.

어느 날 서울을 다녀오는데 토담집 앞 50걸음 정도에 사립문이 막아서 있었다. 신우대(고려조릿대)라고 하는 가는 대나무를 문틀에 엮어 짠 그야말로 예술작품이었다. 만능 손재주꾼 강종유 씨가 나 없는 사이에 만들어놓고 갔는데 산자락 경사진 멋을 그대로 살려주었고, 너무 높지 않아 위협적이지도 않았으며, 대나무로 엮은 터라 위화감도 들지 않았다. 산을 지나는 사람이나 혹 뜬금없이 나를 보러 오겠다는 사람들이 키

나의 목민심서
강진일기

작은 사립문을 보고 토담집으로 들어갈 수 없다는 걸 알게 되더라도, 크게 마음 상하지 않고 돌아갈 수 있는 분위기를 풍겼다. 놀라운 아이디어와 재주도 그렇거니와, 그의 진실한 마음이 느껴졌다. 나 역시 그런 진실된 애정과 열정이 있던 청년 시절이 있었다.

학생운동에 뛰어들면서 내 생애 가장 중요한 일이 일어났다. 아내 이윤영을 만난 일이다. 나는 불온서적 탐독 혐의로, 이윤영은 이화여자대학교 독서회 사건으로 구속되어 검찰의 취조를 받던 때였다. 지금의 정동미술관 자리에 있던 검찰의 심문대기소에서 하루 종일 기다릴 때 나는 옆방에 있던 이윤영과 인사를 나누었다.

두 사람 다 기소유예 처분을 받고 석방되었는데, 얼마 후 이윤영이 서울대학교 어학연구소에 영어 교육을 받으러 왔다가 문리대 교정에서 나와 다시 만났다. 우리는 만난 지 7년 만에 결혼했고, 이윤영은 나의 아내가 되었다. 그동안 나는 군대도 다녀왔고, 감옥에도 갔다 왔다. 나의 어려움을 모두 참고 기다려준 것이다.

내 대학 시절은 거칠 것이 없었다. 온 우주를 내 품에 안고 사는 기분이었다. 무기정학 중에 다시 무기정학을 맞은 나는 이 기간을 의미 있게 보내겠다며 강원도 함백탄광에서 '보다카시'라는 막노동을 하기도 했다.

산 중턱에서 탄 찌꺼기를 쏟아 버리는 일로 단순 노동이었으나, 꽤나 위험한 일이었다.

나는 대학 생활 동안 차츰 혁명적 사상에 물들어갔다. 동대문 고서점을 찾아가 '마분지'로 된 좌익서적을 구입해 읽기 시작했다. 그때 읽은 책으로는 전석담의 『조선사 교정』, 백남운의 『조선사회경제사』, 소련과학아카데미 편 『세계사 교정』 등이 있다. 모두 해방 직후 좌익계통에서 출판한 책들로, '마분지'같이 누렇고 투박한 종이에 인쇄된 헌 책들이라 우리는 흔히 '마분지책'이라는 은어로 불렀다. 술자리에 앉아서는 「볼가강의 뱃노래」나 월북한 시인 정지용의 시로 된 「고향」 같은 노래를 큰 소리로 부르며 혁명의 열정을 불태우곤 했다.

나의 대학 시절은 격동의 시기였던 터라 학생운동은 끊임없이 이어지고 발전했다. 한일회담 반대에서 한비 밀수 사건 반대, 학원자유화, 6·8 부정선거, 삼선개헌 반대 등 정치적 이슈는 끊임없이 이어졌다. 그런 가운데 학생운동에 참여하는 후배들도 많아져서 2학년을 지나 3학년이 되자 나는 명실공히 학내 '지도부'가 되었다. 문리대에서는 내가 주도적으로 결성한 후진국문제연구회를 중심으로 66학번에서는 김세균, 제정구가 중심이 되고, 67학번에서는 심재식, 서원석, 서중석, 최재현, 유홍준 등이, 68학번에서는 유인태, 안양로, 유초하, 유영표, 안병욱, 심지연 등이, 69학번에서는 이철 등이 중심을 이뤘다.

유홍준은 원래 운동권으로 시작한 것은 아니었는데 연극반 활동을 통해서 나와 알게 된 뒤 나를 매개로 운동권 친구들을 사귀었고, 나중에는 '골수'가 되었다. 실로 기라성 같은 운동권 인재들이었다. 법대에서는 조영래를 중심으로, 상대에서는 김근태를 중심으로 후배 그룹이 형성되어 언제부터인가 선후배들 사이에서 경기고등학교 동기 동창인 우리 세 사람을 서울대 운동권 3총사라고 불렀다.

학생운동 때문에 무기정학을 두 차례나 맞는 바람에 나는 다른 동기생들이 졸업할 때 졸업을 못 하고 군대를 갔다. 35개월 졸병 생활도 재미있게 했다. 포천과 파주에서 했는데, 오죽 잘했으면 말년에 중대장이 "손학규, 너 말뚝 박지!"라고 했을까? 제대하고 복학했을 때 학생들 사이에서 박형규 목사에 대한 말이 돌았다. 진보적인 목사가 있는데, 학생운동을 잘 이해해주고 학생들의 활동도 지원해준다는 이야기였다.

나는 1972년 봄에 복학하면서 박형규 목사의 제일교회를 찾았다. 박형규 목사 밑에서 당시 전도사를 하던, 나중에 CBS 사장을 지낸 권호경 목사는 나에게 세례를 받으라고 권했다. 이미 제일교회에서는 운동권 성향의 후배들 여럿이 자리를 잡았고, 제일교회는 일종의 새로운 운동의 근거지가 되어 있었다.

2. 폭풍 속으로

혁명가의 사진

1972년 10월에 유신이 선포되었고, 졸업을 하면서 나는 노동운동을 하겠다는 각오를 다졌다. 처음에는 한전에 시험을 봤다. 한전에 들어가서 노동운동을 하고, 언젠가는 서울 시내 전기를 모두 꺼버리겠다는 생각에서다. 그러면 혁명이 가능할 테니까. 그러나 준비도 전혀 하지 않고 본 시험이니 붙을 리가 있는가? 다행히(?) 시험에서 떨어져 한전을 통한 혁명(?)의 꿈은 무산되었다.

구로동에 있는 전자회사에 들어갔다. 소설가 황석영도 이때 같이 있었다. 노동운동은 생각했던 것과 달리 잘 되지 않았다. 새로운 길을 모색하던 중 박형규 목사가 내게 빈민선교 운동에 참여하도록 권유했다. 박형규 목사는 나에게 '노동문제보다 우리 사회에 더욱 절실하고 중요한 것이 빈민문제'라고 설득하면서 나에게 빈민선교 조직인 수도권특수지역선교위원회('수도권')의 실무자로 들어와서 일할 것을 권했다.

나는 처음에 망설였다. 내가 민주화운동을 효과적으로 하기 위해 교회의 도움을 구하려고 교회에 다니기는 했지만, 내가 직접 교회 조직의 풀타임 스태프로 일한다고 생각하니 어쩐지 어색했다. 학생운동 과정에서 주변의 선후배들과 사회주의 사상에 깊이 경도된 나는, 교회를 이용은 하되 '교회의 본질은 반동적'이라는 생각을 갖고 있었기 때문이었다. 주변의 선후배들도 회의적이었다. 이념에 투철하고 이론에 밝던 어떤 후배는 노골적으로 '종교가 당장은 효과적으로 보일지는 모르나, 결국은 아편'이라고 하면서 내가 교회기관에서 일하는 것을 반대했다.

살다 보면 늘 선택의 기로에 서게 되기 마련이다. 그때도 운명은 내게 선택을 강요했다. 나에게는 커다란 모험이었다. 나는 결국 박 목사의 권유를 받아들여 빈민선교 기관에 들어가기로 했고, 청계천 판자촌에 들어가 생활했다. 내가 그동안 경험한 교회의 활동과 신학, 그리고 예수의 삶은 가난하고 핍박받는 민중을 위한 것이었고, 한국 교회가 그러한 진보적 신학을 받아들이고 있다는 사실도 보았기 때문이었다. 한국 교회는 독재에 항거할 준비가 되어 있고 민주화운동세력을 지원할 태세도 갖추었다. 이게 나와 기독교의 인연의 시작이다.

내겐 군대 시절이나 대학 시절에 찍은 사진이 없다. 혁명가에게 사진은 필요 없다고 믿었기 때문이다. 그 시절의 내 꿈은 말 그대로 혁명가였다. 혁명가가 가진 사진 한 장 때문에 사진 속 인물들이 피해를 입을 수도 있겠다는 염려가 나로 하여금 그 시절의 사진을 모두 불태우게 만들었다. 그 시절 나의 각오는 강철보다 단단했고, 용암보다 뜨거웠다. 그 시절의 나는 혁명만이 내가 가야 할 길이라 믿었다.

도시빈민선교는 산업선교와 쌍을 이루며 발전했다. 산업선교는 기독교의 노동운동이었다. 노동운동이 사실상 어용이 아니면 존립하기 힘들었던 시절, 기독교는 선교활동을 통해서 노동자들의 권익 보호에 앞장섰다. 초기에는 미국 감리교회의 선교사인 조지 오글 목사가 선구적인 역할을 했고, 영등포산업선교회의 조지송 목사와 인명진 목사, 인천도시산업선교회의 조화순 목사와 조승혁 목사 등이 이끌면서 특히 여성 노동자들의 권익을 옹호하기 위해 이들을 조직하고 행동을 이끌었다.

청계천의 판자촌에 들어갈 때 내 각오는 변함없이 '혁명의 길'이었다. '이제 나는 세상을 바꾸기 위해 저 험난한 길을 간다. 그것이 죽음의 길일지라도 피하지 않겠다. 이 땅의 힘없고 억압받는 민중들을 위해 내

모든 것을 바치리라.'

혁명을 각오한 만큼 결의도 비장했던 시절이었다. 그럼에도 어머니가 마음에 걸렸다. 일찍 남편을 여의고 어린 7남매를 키우느라 갖은 고생을 다한 어머니인데, 막내아들이 대학 다니면서 갖은 말썽을 다 부리더니, 졸업하고 나서는 짐을 싸들고 어디를 간다고 한다. 그런데 그것이 판자촌이라고 하면 머리를 싸매고서 쓰러지실 수도 있는 일이었다. 집안 경제를 맡은 큰형의 얼굴은 어떻게 쳐다볼 것인가? 가슴이 막혔다. 경기고등학교를 나오고, 서울대학교 정치학과를 졸업하고, 집안도 괜찮은 전도양양한 청년이 청계천 판잣집에서 연탄불 때고 밥 끓여 먹으며 빈민촌을 어슬렁거린다고 누구에게 떳떳하게 말할 수 있을까?

나는 차마 떼어지지 않는 입을 열고 어머니께 말씀드렸다.

"어머니, 제가 뜻하는 바가 있어서 집을 나가니, 걱정하지 말고 아들을 믿어주세요. 제가 설마 나쁜 짓 하겠어요?"

어머니는 아무 말도 하지 못하고 슬픈 눈으로 나를 쳐다보기만 하셨다.

나는 내 책장에서 문제가 될 듯한 책이나 노트를 다 정리한 뒤, 일부는 태우고 일부는 다락에 깊이 넣어두었다. 소위 '불온서적'들이었다. 그리고 사진첩을 꺼내서 사진들도 모조리 태워버렸다. 지금 생각하면 유치한 일이다. 그중에서 특히 철없던 행동은 초등학생 시절과 중학생 시절에 찍은 사진까지 모두 태워버린 일이다. 그래서 지금은 초등학교 졸업 앨범에 있는 사진과, 군대 시절의 증명사진 한 장만 남아 있다. 결국 친구인 조기완 등이 간직하고 있는 대학교 입학식 때 찍은 사진 몇 장이 내 청춘의 사진 전부다.

어머니의 이름으로

빈민운동을 시작하면서 처음 들어가게 된 청계천 판자촌 생활은 막막했다. 소기의 목적과 의도대로 진행되지도 않았다. 박형규 목사와 '수도권' 실무자들이 부활절 남산 야외음악당 예배 사건으로 구속되고, 나는 그 사건 수사 과정에서 청계천 판자촌 현장에서 구속되었다. 권호경 전도사와 교회 청년들이 부활절 연합예배에서 '박정희는 회개하라', '윤필용은 회개하라' 등등의 전단을 뿌렸는데, 뒤늦게 발각되어 박형규 목사를 비롯해서 무더기로 구속된 것이다.

나는 이 사건에 연루되지는 않았지만, 애초에 이 사건의 혐의를 서울대 학생들에게 두고 수사를 하던 중 내가 빌려준 노트가 후배에게서 나왔다고 나를 덮쳤다. 경찰은 서울대 출신인 내가 청계천 판자촌에 살기에 간첩이라고 봤는지, 나를 덮칠 때 권총에 실탄을 장전하고 안전장치까지 해제했다. 언제라도 쏘기 위해서였다. 그들은 나의 양손을 뒤로 묶은 채 방바닥에 엎어뜨렸고, 벽지며 천장을 죄다 뜯어냈다. 있지도 않은 무기나 비밀 서류, 난수표를 찾아내려고 방을 엉망진창으로 만들었다.

물고문을 비롯해 무자비한 고문을 받은 나는, 결국 반공법 위반으로 구속되어 1년여간 감옥살이를 했다. 노트 자체로는 실형까지 살 건수가 아니었지만, 학생운동 주동자 출신이 빈민운동을 하기 위해 청계천 판자촌에서 살고 있는 상황이 '반공법 관련 의도성을 갖고 있다'고 인정되었다. 그래서 1심에서 실형까지 선고받았다. 나는 2심에서 치열한 법정투쟁을 통해 결국 무죄를 받아냈다. 판사는 곧바로 무죄를 선고하지 못하고 1심 징역형 복무기간이 끝날 때 보석으로 일단 석방한 뒤, 한참 뒤에 조용해지고 나서야 무죄를 선고했다. 나를 변호했던 강신옥 변호사는 술자리에서 '이 판결은 오판'이라며 껄껄 웃었다. 반공법 위반으로 구속 수감되었다가 재판을 거쳐 풀려난 경우는 내가 처음이라고 했다.

석방 후 얼마 뒤 나는 조승혁 목사가 총무로 있는 사회선교협의체의 간사 일을 봤다. 도시산업선교회와 관계가 있는 개신교회와 가톨릭교회의 연합체로, 도시빈민선교와 산업선교 단체를 지원하는 기관이었다. 하지만 주된 일은 민주화운동과 인권운동을 돕는 일이었다. 얼마 후에는 수도권특수지역선교위원회의 총무직을 맡았다. 초대 총무인 권호경 전도사와 2대 총무인 김동완 전도사가 다 구속되면서 평신도인 내가 살림을 맡게 된 것이다. 교회 다닌 지 3년, 교회 조직에 발을 들여놓은 지 2년여 만에 작은 조직이지만 한 기관의 책임을 맡게 된 것이다.

박형규 목사도 구속되고 문동환 목사가 위원장 대리를 보면서 중랑천에 '센터'를 마련했다. '빈민선교'를 한다지만 제대로 된 지역조직 구성은 엄두도 못 냈다. 내 역할은 사실상 빈민 선교보다는 긴급조치로 구속된 인사들 옥바라지하고, 교회 차원의 인권운동을 지원하는 일이었다.

긴급조치 시대가 본격적으로 시작되었다. 목사·전도사들과 기독학생회 소속 학생들까지 많이 구속되었다. 그래서 한국기독교교회협의회 (KNCC)를 비롯한 교회기관들이 인권운동에 앞장선 것이다. 매주 목요일마다 구속자들을 위한 기도회가 열리고, 성직자들과 학생들의 부인이나 부모들의 모임인 구속자가족협의회가 결성되었다. 윤보선 대통령의 부인인 공덕귀 여사를 회장으로, 김지하 시인의 어머니와 박형규 목사의 부인 등이 적극적으로 움직였다.

나의 목민심서
강진일기

이 모든 일이 '5가'를 중심으로 이루어졌다. '5가'는 긴급조치 이후 반독재운동의 중심지가 된 기독교회관이 소재한 '종로5가'를 뜻했다. 가톨릭교회의 명동성당도 운동의 중요한 거점이었지만, 대중적으로는 종로5가 기독교회관이 반독재·인권운동의 중심지가 되었다.

이 당시 내게는 많은 역할이 주어졌다. 서울대 학생운동의 중심인물로 데모 경험도 많고, 교회 입장에서는 신학생이 아닌 정치학과 출신으로 다양한 실천 경험이 있었으니 여러모로 쓸모가 있는 것은 당연한 일이었다. 나는 구속자가족협의회 결성과 선언문 작성, 미 대사관 앞 시위 등을 도왔다. 구속자 가족들은 내게 크게 의지했고, 크고 작은 일들에 대해 나와 상의했다. 기도회를 비롯해 여러 반정부 집회들과 세미나들을 기획하고 실천하는 데도 실무적인 뒷받침을 해주었다. 박형규 목사의 책 『해방의 길목에서』를 출판하고, 출판기념회까지 성공적으로 개최해 주변으로부터 인정을 받기도 했다. 긴급조치 시대에 나는 이렇게 '5가'의 핵심적인 실무자가 되었다.

그렇다고 마냥 자유롭게 활동할 수 있었던 건 아니었다. 내 생애에서 두 번째 시련이 닥쳐왔다. 그것은 2년간의 도피 생활이었다. 박정희 정권이 김관석, 박형규, 조승혁, 권호경 목사 등 한국 교회의 대표적인 인권운동가들을 '선교자금 횡령 사건'으로 구속하면서 대대적인 교회탄압에 들어가서였다. 내게는 '수도권특수지역 선교위원회 총무로서 선교자금 장부를 갖고 도망갔다'는 꼬리표가 붙었다. 수사관들에게 처음에는 100만 원 현상금에 1계급 특진을 걸더니, 나중에는 200만 원 현상금에 2계급 특진을 걸었더랬다. 한국 교회의 대표적인 인권운동 지도자들을 구속한 뒤였으니, 명분을 세우려면 '서울대 학생운동 지도자였고, 반공법 위반 전과까지 있는 손학규'를 끼워 넣어야 한다고 본 것이다.

우리 집안은 쑥대밭이 되었고, 나와 조금이라도 연관이 있는 사람은 말할 수 없는 고초를 겪었다. 나중에는 가까운 친척들까지도 불편해할 정도로 중앙정보부는 할 짓 못할 짓을 다했다. 은행원이었던 큰형과 공군 전투기 조종사였던 둘째 형, 조그만 사업을 하는 셋째 형 등 모두가 많은 고초를 겪었다.

도피 생활은 힘들었지만 추억도 많았다. 초기에는 김근태가 가끔 집에 와서 아내가 하고 있는 약국의 문을 닫아주기도 했다. 당시에는 셔터가 없어서 페인트로 엉성하게 번호판을 쓴 생철문을 달았다. 김근태는 자상한 친구였다. 우리가 결혼했을 때 신방에 꽃을 사들고 와서 아내를 감동시켰을 정도로 정서가 있는 운동가였다. 우리나라 인권운동에 큰 족적을 남긴 친구이기도 했다. 그래서 그가 죽었을 때 우리 정치계가 큰

별을 잃었다 싶어 마음이 아팠다.

　나는 처음에 김정남 선배의 소개로 원주에 가서 무위당 장일순 선생의 말씀에 따라 최규택 선배의 장모님이 운영하시던 과수원에서 '머슴살이'를 했다. 그때 인연으로 나는 '원주 식구'가 되어 협동조합에 대해 공부했다. 그 경험으로 제18대 국회에서는 협동조합기본법을 발의·제정하기까지 했다. 나중에 일한 합정동 철공소는 송태호 선배의 소개로 갔던, 이창우 선배가 하던 '제세산업'이 그곳이다. 용접도 거기서 배웠다. 아내 생각이 나면 전화통에 대고 노래를 부르며 눈물을 흘리기도 했다.

　　꿈길밖에 길이 없어 꿈길로 가니
　　내 님은 나를 찾아 길 떠나셨네
　　이 뒤엘랑 밤마다 어긋나는 꿈
　　같이 떠나 노중에서 만나를 지고

　나는 어머니가 돌아가신 것을 계기로 도피 생활을 끝냈다. 합정동 철공소에 일할 때 송태호 형이 와서 "어머니가 돌아가시면 어떻게 하지?"라고 물었다.

　"지금까지 이렇게 있었는데 그냥 있어야지요."

내 대답에 송 선배는 "그렇지?" 하더니, 조금 있다가 어머니가 돌아가셨다고 말했다.

어머니가 돌아가셨다는 소식을 듣고 도저히 참을 수 없어 김관석 목사의 도움을 받아 어머니의 시신이 안치된 큰형 집으로 갔다. 당국에서는 바로 그 자리에서 연행하겠다고 억지를 부렸으나 공군 장교인 둘째 형의 중재로 장사를 지내고 가기로 했다.

장지에 정보기관의 차가 무려 일곱 대나 따라왔다. 관할인 강남경찰서, 동대문경찰서, 시경, 치안국, 중앙정보부, 보안대 등 모든 정보기관의 차량이 다 따라붙었다. 장지에서 하관을 마치고 바로 연행되어 며칠간 조사를 받고 풀려났다. 사건 자체가 정치적인 것이었고, 그때는 이미 목사들도 석방된 터라 정치적 효과가 없어졌기 때문이다.

도피 생활 중 몸 고생도 많았지만 가장 힘들었던 일은 어머니와의 상면이었다. 어머니는 간암 판정을 받고 얼마 버티지 못하실 것이라는 전갈을 받고 우여곡절 끝에 병원에 잠입하여 어머니를 뵈었다. 어머니는 내가 병실에 들어서자 깜짝 놀라셨다.

"네가 여기 웬일이냐? 어서 가! 집안 망치려고 왔느냐? 빨리 가라, 빨리 가!"라며 소리치셨다.

그렇게도 사랑하고 보고 싶던 막내아들이 1년 반 만에 나타났는데,

손을 내저으며 빨리 가라고 하실 때는 그동안 가족이 겪었던 고초가 얼마나 심했는지 능히 짐작이 가는 일이었다. 특히 '집안 망치려고 왔느냐'는 말씀으로 형들이 얼마나 당했는지, 막내아들 때문에 어머니가 다른 아들들에게 얼마나 마음의 부담을 느끼셨는지 금방 알아차릴 수 있었다. 나는 이해는 하면서도 한편 섭섭해지는 걸 어찌할 수가 없었다.

"빨리 가. 너희 형들 망치려고 그래?"

어머니는 이렇게 다그치셨다. 내가 엉거주춤 돌아서려니 서랍을 가리키며 말씀하셨다.

"저기 내 빽 좀 가져와라"

돈을 주시려는 것이 분명했다.

"괜찮아요. 내가 어머니한테 돈 좀 드릴께. 손주들 과자라도 사주세요."

나는 그날 내가 갖고 있던 돈 3만 원을 드렸다.

"네가 이게 웬 돈이냐? 빨갱이 돈이 아니냐?"

그 순간 눈물이 핑 돌며 가슴이 콱 막혔다. 그 돈은 그날 어머니 면회를 가면서 아내한테서 받은 돈이었는데, 그것은 전날 어머니가 막내며느리한테 고생한다며 쥐어주신 바로 그 돈이었다. 그런 돈을 어머니가 '빨갱이한테서 받은 돈이 아니냐?'고 하시는 거였다. 그동안 수사당국으

69

로부터 얼마나 큰 고초를 당하셨는지를 그대로 말해주는 장면이었다.

그들은 어머니와 가족들에게 내가 북한을 오가는 빨갱이라며 엄포를 놓았다고 한다. 또한 당장 나를 찾아내라고 닦달을 해댄 모양이다. 도망 다닐 때의 고생보다도, 어머니의 임종을 지키지 못한 죄보다도, 당신 막내아들이 북한을 오가는 빨갱이가 되었을지도 모른다는 의심을 어머니께서 품은 채 돌아가셨으리라고 생각하면 지금도 가슴이 미어진다.

걷지 않으면 생각이 멈춘다

나는 오늘도 걸었다. 루소는 '나는 걷지 않으면 생각이 멈춘다'고 했고, 칸트는 '내 모든 생각과 사고는 내 발끝에서 나온다'고 했다. 토담집에서 나와 백련사 공양간을 거쳐 다산초당으로, 석름봉으로 올라갔다가 토담집으로 내려오는 길을 걸으며 내게 점점 다가오는 세상의 일들에 대해 생각해봤다. 토담집 생활이 길어지면서 내게 구체적인 방안이나 비전을 말해주려고 토담집을 찾아오는 사람들도 많아졌다.

내가 강진으로 내려오던 때보다 지금의 우리나라 상황이 더 나빠졌다는 소식 때문에 마음이 편하지 않았다. 마음의 갈등도 생겼다. 그래서 걷고 또 걸었다. 걸으며 내가 걸어온 길들을 하나하나 되짚어보았다. 과거를 생각하면 무서울 게 없던 빈민운동 시절이 가장 많이 떠올랐다. 순수했기 때문이었을까? 그렇다면 모든 걸 놓고 저술에만 힘쓰겠다는 난 순수하지 않은 것인가. 만에 하나 세상이 나를 부르고, 그래서 내가 다시 세상에 선다면 그 역시 순수하지 않다고 말할 수 있는 것인가? 언제나 내 가슴 한복판에는 나라와 국민이 존재했다. 어느 때이건 나를 희생할 수 있다면 그건 그 자체로 순수한 것이지 않은가.

어머니의 죽음으로 도피 생활이 끝난 뒤, 나는 한국기독교교회협의회(KNCC)에서 정치·사회 문제를 담당하는 교회와사회위원회의 간사로 일했다. 유신이 한창 기승을 부리던 때 KNCC는 바삐 움직였다. KNCC는 무엇보다 한국의 인권운동을 지원하는 국제적인 네트워크와의 통로 역할을 했다. 세계교회협의회(WCC)를 통해 국제적인 여론을 조성하고, 미국과 독일 등 기독교의 영향력이 강한 나라에서 교회가 나서서 정부를 움직여 한국 정부에 압력을 가하는 역할을 했다. 미국의 카터 대통령이나 후에 독일의 대통령이 되는 폰 바이체커 독일 교회 의장이 한국의 인권 탄압에 항의하면서 박정희 대통령에게 압력을 가한 일도 KNCC가 외국에 있는 교회 네트워크를 통해서 활동한 덕이었다.

이 과정에서 일본에 근거지를 둔 오재식 선생이 중간 역할을 했다.

내 역할은 일본과 미국, 독일 등지에서 메시지를 갖고 들어오는 선교사나 교회기관 인사들, 또는 앰네스티와 같은 인권단체 인사들이나 정치인들을 안내하고, 이들에게 한국의 인권 상황을 설명하는 것이었다. 인권 관련 성명서나 상황일지를 영어로 번역하는 일도 돕고, 문서를 외국으로 내보내는 일도 맡아서 했다. 인권 관련 자료를 외국으로 보내는 일은 선교사나 외국교회 관련 인사들을 통해서 했는데 때로는 외국인 여행객, 외국인 특파원, 심지어 우리와 밀접한 협력 관계를 맺은 외교관의 도움을 받기도 했다.

이런 경로를 통해 당시 수감 중이던 김지하 시인의 「양심선언」을 내보내 일본에서 발표되도록 했고, 조영래 변호사가 쓴 『전태일 평전』이 일본에서 출판될 수 있었다. 김지하 시인의 「양심선언」 발표 건은 김정남 선배가 주선했는데, 이를 정리한 조영래의 필적을 보호하기 위해 내가 원고를 들고 춘천에 있는 수녀원에 가서 내가 지켜보는 가운데 수녀가 등사원지에 타자를 쳤다. 이 등사원지를 가져와 서울의 한 교회에서 등사한 뒤, 이것을 촬영한 필름을 미리 연락해둔 여행객을 통해서 일본으로 내보냈다. 「양심선언」은 이렇게 세상에 나올 수 있었다.

어느 날 조영래 변호사를 추모하는 영상을 만드는 사람들이 와서 영상 녹화를 한 뒤 대담을 나누었다. 조영래 변호사에 대한 이야기를 하니까 옛날 생각이 생생하게 떠올랐다. 역사와 사회에 대한 통찰력과 탁월한 지적 능력을 갖춘 훌륭한 친구였다. 무엇보다 사람에 대한 이해가 깊고 진실했다.

어느 날 내가 영래에게 불평을 했다.

"새벽 별 보고 집을 나와서 김포공항에 가서 손님 맞고, 가방 들어다가 호텔 방에 넣어주고…. 이게 민주화운동이냐?"

"야, 학규야, 바로 그게 민주화운동이야. 그것보다 더 큰 민주화운동이 어디 있어?"

KNCC에 근무하면서 외국 손님들 맞이하고 뒤치다꺼리를 해주던 내게 그 이상의 격려가 없었다. 살아 있었으면 우리나라 정치를 바꾸어놓았을 텐데….

그래도 조영래는 살아 있는 동안 역사를 썼다. 김지하 시인의 「양심선언」, 『전태일 평전』, 권인숙 씨 성고문 사건, 망원동 수해 시민 집단 소송 진행 등 대한민국의 역사를 쓴 선구자였다. 추모 영상 제작자들과의 대담 중에 영래가 좋아했던 노래 「강은 흐른다」를 불렀다.

강은 흐른다 쉬지 않고 흐른다
아무도 모르는 침묵의 흐름 속을

73

밀리는 아픔도 잊어버리고

강은 흐른다 쉬지 않고 흐른다

머무를 곳 없는 표류의 조각들이

만남의 기쁨도 잃어버렸나

누가 막을까 저 흐르는 강을

누가 아는가 저 말없는 강을

강은 흐른다 쉬지 않고 흐른다

아무도 모르는 침묵의 흐름 속을

끝없이 밀려가는 검푸른 물결

검푸른 물결

토담집에서 지난 시절을 되돌아볼 때마다 다산처럼 훌륭한 저작물을 남겨 국민들에게 봉사하겠다는 내 각오들이 자꾸만 흔들렸다. 사람들이 찾아와 전해준 세상 돌아가는 이야기가 나를 끝없이 번민으로 몰아넣었다. 계층 간 불평등, 정규직 노동자들과 비정규직 노동자들 간의 갈등, 대한민국 사회에 만연한 불신, 이념·지역 갈등이 심화되고, 저출산 고령화 문제는 해결의 실마리는커녕 더욱 깊어져만 가며, 자영업자들은 밑천을 날리는 것에 더해 빚까지 지고서 벼랑으로 내몰리고, 기업들이 흔

들린다는 한탄들에 가슴이 아팠다. 나의 청년 시절보다 나을 게 하나도 없다는 말도 들었다.

책을 쓰는 일만이 능사일까? 나는 물안개 피워 올리는 강진만을 쳐다보면서 다도해의 아름다운 풍광을 볼 수 있게 해줄 누군가가 필요하다고 생각의 매듭을 짓기에 이르렀다.

3. 세계의 눈

넓은 세상으로

1979년 10월 26일 박정희 대통령의 죽음으로 유신체제는 종말을 고했다. 이로써 우리나라에서도 민주화의 여명이 밝기 시작했다. 그동안 도피 생활을 하던 조영래, 김근태, 신동수, 장기표, 심재권 같은 친구들이 세상으로 나왔다. 그동안 억눌렸던 민주화에 대한 요구도 봇물처럼 터졌다. 우리는 이때를 '서울의 봄'이라고 불렀다.

박정희 대통령이 사망하기 직전 나는 부산과 마산에서 일어난 부마항쟁 상황을 파악하고 대책을 마련하기 위해 부산에 갔다. 부산에서 여러 사람을 만난 나는, 사후대책을 논의하다 붙잡혔다. 부산의 인권운동 지도자인 최성묵 목사와 박상도 씨 등을 만나면서 미행을 당한 것이다.

경찰서에 붙잡혀 갔다가 계엄사령부로 넘겨진 뒤 김해의 보안대로 끌려갔다. 그들은 병사들을 시켜서 나를 두들겨 팼다. 수사관도 들어오지 않았다. 글자 그대로 불문곡직, 묻지도 따지지도 않았다. 그 당시에는 이대로 죽을 수도 있겠다는 생각마저 들었다. 그런 상태로 꼬박 48시간을 맞고서 눕지도 못하고 있는데 문이 열렸다. 그리고 아는 얼굴이 나타났다. 중앙정보부 대공수사단의 최 모 단장이었다.

"야, 손학규 이 새끼, 너 여기 있었구나!"

그때 내가 본 것은 『레미제라블』에서 장발장을 발견한 자베르 경감의 차가운 웃음이었다. 나는 새도 떨어뜨린다는 중앙정보부 대공수사단장. 나는 KNCC 생활을 통해 수도 없이 그 앞에 끌려간 일이 있어서 그의 위력을 잘 알고 있었다. 그를 보는 순간 나는 죽음으로부터 벗어날 수 없다고 생각했다.

'제2의 민청학련 사건이라도 조작하려 하는구나.'

그런데 천우신조였을까? 보안대로 끌려온 지 닷새 만에 석방되었다. 믿을 수 없는 일이었다. 박정희 대통령이 사흘 전에 죽었다는 소식을 들은 뒤에야 납득할 수 있었다. 그의 죽음으로 유신체제가 종말을 고하면서, 이 땅의 민주화를 위해 청춘의 전부를 바쳐 투쟁했던 많은 투사들이 그 직후 맥이 풀리는 경험을 했다고 한다. 나도 그랬다. 우리의 민주화운

77

동이 이렇게 결실을 보는구나 하는 성취감과 허탈감이 교차했다. 유신체제가 종말을 맞이했으니 이 땅에는 민주주의가 정착할 것이라 믿었다. 그렇다면 이제 내 역할은 새로운 미래를 준비하는 데 있다고 생각했다.

반독재민주화운동이 끝났으니 나에게도 충전이 필요했다. 특히 도피생활을 끝내고 나온 후 3년 가까이 너무 정신없이 지내 좀 쉬면서 나를 돌아보고 앞으로 할 일을 생각해야겠다고 마음먹었다. 바깥세상을 보고 싶었다. 유신체제에서 인권운동을 위해 도움을 준 외국 교회들과 기관들을 떠올리면서 세상일이 우리나라 안에서만으로는 해결되지 않는다는 것을 깨달았기 때문이다. 그래서 더더욱 국제적인 안목을 갖추고 싶었다.

나는 KNCC에서 근무할 때 세계교회협의회(WCC)의 장학사업도 취급했기에 그 길을 이용하기로 했다. 미국에는 많은 사람들이 가니 별로 매력을 느끼지 못했다. 기왕이면 의회민주주의의 본고장인 영국에서 민주주의를 공부하고 싶었다. 나중에 결국 박사학위까지 받게 되었지만, 그때 당시 나는 그저 선진민주국가에서 견문을 넓힐 생각만 했다.

WCC에서 내 장학 신청을 받아준 덕에 영국 브리스톨대학교로 유학할 수 있었다. WCC를 통해 영국의 크리스천에이드(Christian Aid)에서

1년간 연수 프로그램 장학금도 지원받을 수 있었다. WCC 측의 장학금은 기본적으로 개발도상국 선교인력 양성을 위한 것이다. 그래서 나는 브리스톨대학교의 신학부 소속이 되었다.

그렇게 유학을 준비하고 있으려니 친구들이 반대했다. 민주화 덕에 우리 세상이 되었는데 어디를 가느냐는 것이었다. 조영래, 김근태, 장기표 등만 하더라도 도피 생활을 끝내고 결혼식을 올리는 등 바깥 생활 채비를 하고 있었다. 더군다나 당시에 운동권 학생들 사이에서는 유학이란 사치이자 심지어 '조국에 대한 배신'이었다. 특히 반미적 생각이 강한 운동권 인사들은 외국 유학 자체를 부정적으로 봤다. 그러나 나는 기독교민주화운동에 관여하면서 국제적인 관계의 중요성을 인식하게 되었고, 제대로 운동을 하려면 국제적인 시야와 식견을 갖춰야 한다고 생각하게 되었다. 우물 안 개구리가 되어서는 안 된다는 생각이었다.

"나는 그동안 너희들이 도망 다닐 때 고생 많이 했으니까 이제는 너희들이 고생 좀 해라."

나는 유학을 말리는 친구들에게 그렇게 말했다. 조영래의 결혼식에 홍성우 변호사를 주례로 세우고 내가 사회를 보는 것을 마지막으로 나는 유학길에 올랐다. 정통 학생운동권 출신으로 외국으로 유학을 떠난 것은 아마 내가 첫 케이스였을 것이다.

2장 그 길밖에 길이 없어

저 푸른 초원 위에

어느 날 점심을 해결하려 백련사의 공양간에 내려가 보니 신성호 변호사 내외가 나를 기다리고 있었다. 신 변호사는 고 제정구 의원의 손아랫동서로, 나 때문에 몸도 마음도 어지간히 고생한 사람이었다. 2007년 경선에서 내가 패했을 때 신 변호사는 1년을 앓았고, 2012년 경선에서 내가 또 패했을 때 그는 폐결핵까지 앓았다. 내가 여기에 와 있으니 해남에 내려와서 변호사 개업을 할까 생각한다고 말했다. 그만두라고 했다. 새삼 많은 사람들을 고생시키고, 아직도 기대하느라 마음 졸이게 만든 내 책임이 크다고 느꼈다.

그날 조환기 박사 내외도 다녀갔다. 김영국 씨와 더불어 불교계에서 많은 도움을 준 사람이다. 부인이 수수하고 거침없는 분이다. 부인 말이 자신의 남편인 조환기는 '간과뇌'라는 것이었다.

"당신은 저보다는 대표님을 더 사랑하는 것 같아요."

그렇게 불평을 털어놓자 조 박사는 한술 더 떠서 대꾸했다는 것이다.

"나는 간도 뇌도 다 손학규한테 바쳤다."

그래서 그의 부인이 조 박사를 '간과뇌'라고 부른다는 말이었다. 생활도 그다지 넉넉하지 않은 분들이 내게 바친 정성을 생각하면 그저 미안하고 고마울 따름이다.

그들이 모두 떠나고 일찍 잠이 들었다가 이른 새벽에 잠에서 깨어 방문을 열고 일출을 보았다. 천관산 위로 막 떠오르는 태양이 찬란했다. 그 태양을 바라보며 우리 결혼식에서 불렀던 찬송가 「햇빛 되게 하소서」를 아내와 함께 불렀다.

아침 해가 돋을 때 만물 신선하여라

나도 세상 지낼 때 햇빛 되게 하소서

주여 나를 도우사 세월 허송 않고서

어둔 세상 지낼 때 햇빛 되게 하소서

영국으로 유학을 떠날 때의 심정도 별반 다르지 않았다. 국민들을 위해서 일할 수 있는 사람, 세계를 보고 민주주의의 위대함을 경험하고 돌아와 그런 세상을 알려주고 싶었다.

영국에 도착했을 때 처음으로 받은 충격은 세계의 넓음이나 민주주의 사회의 위대함이 아니었다. 공항에서 런던 시내로 들어가는 버스에서 바라보이는 완만하게 펼쳐진 구릉 위의 초원이었다. 나무 한 그루 없

2장 그 길밖에 길이 없어

이 끝이 보이지 않게 펼쳐진 넓은 초원에서 양들이 띄엄띄엄 흩어진 채 풀을 뜯는 모습은 그대로 한 폭의 그림이었다.

갑자기 눈물이 핑 돌았다. 초원의 아름다운 풍경이 감격스러워서가 아니었다. 우리의 불쌍한 농부들이 생각났다. 한 뼘이라도 여유가 있으면 산허리까지 계단식으로 논을 만들어, 심지어 소가 쟁기질도 못 할 정도의 좁은 땅도 갈아서 농사를 짓는 우리의 불쌍한 아버지·할아버지가 생각났다. 저 귀한 땅을 놀리며 양이나 먹이다니. 나는 그 초원을 보면서 우리나라의 가난한 농촌을 생각하며 눈물을 훔쳤다.

영국으로 출국할 때에도 '서울의 봄'이라고는 하지만 12·12 쿠데타 이후 신군부의 등장으로 정국이 어수선했는데, 결국 내가 영국에 간 지 한 달 만에 전두환의 지휘하에 5·18 학살 만행이 벌어졌다. 영국에서 접한 미확인 보도에 나는 어쩔 줄 몰랐다. '광주에서 수천 명이 죽었다. 아니, 수만 명이 죽었다' 하는 유언비어 같은 보도를 들으며 우왕좌왕했다. 귀국할 수도 없고, 한국에 대한 관심도 별로 없는 영국 땅에서 뭘 해야 할지 전혀 생각이 나지 않았다.

나는 장학기관인 크리스천에이드에 연락하고, 기독교 네트워크를 통해 영국에서라도 이러한 한국의 상황을 알려야겠다고 마음먹었다. 마침 영국 감리교회의 지역총회가 런던 근교에서 열리고 있어 거기에 가서 광주에서 벌어지던 학살을 알렸다. 영어도 제대로 못하는 판에 감정은 격하다 보니 말보다는 눈물로 호소했다. 교회들이 하는 집회들을 찾아다니면서 한국 사태에 대한 보고와 지원을 호소하면서 나의 영국 생활은 시작되었다.

런던에서 어학연수를 마치고 브리스톨대학교에서 본격적인 유학 생활을 시작했다. 영국 생활이 본격적으로 시작되자 다양한 충격이 닥쳐왔다. 전혀 예상치 못했던 도전이었다. 한국에 대한 외국인들의 인식이 내가 생각하던 것과는 크게 차이가 났던 것이 첫 번째였다. 국제적인 기독교 네트워크를 통해서 나는 세계인들이 한국의 인권 상황에 대한 소식을 듣고 박정희 정권을 신랄하게 비판하리라고 믿었었다. 아울러 박정희 정권의 자랑거리인 '한국 사회의 발전'도 부정적으로 평가할 것이라고 생각했었다. 그런데 이러한 나의 예상은 상당히 어긋났다.

우선 중국 학생들은 한국의 경제 발전에 대해 적극 찬탄하고 부러워했다. 아직 중국과 국교가 이루어지기 전이었고, 오랫동안 반공이데올로기의 지배 속에서 살아온 나로서는 중국 학생들과 말을 나누는 것조차 무서웠다. 심지어 나도 모르게 주변을 돌아보던 판이었다. 그런데 중국 학생들은 아무런 거리낌 없이 나에게 다가와 한국의 경제 발전에 대해 관심을 보이고, 자기네가 한국을 배워야 한다고 말하는 게 아닌가! 더군다나 내가 만난 중국 학생들은 경영학을 공부한다는 것이었다. 사회주의 사회에서 경영학을 공부한다는 게 이해되지 않아 나는 한동안 혼란스러웠다. 내가 아는 세상과는 너무 달랐던 것이다.

중국 학생들뿐만이 아니었다. 옥스퍼드대학교로 옮겨 본격적으로 정치학을 공부하면서 만난 많은 영국 학생들과 미국이나 호주, 아프리카, 인도 등지에서 온 학생들 대부분도 한국의 경제 발전을 칭찬하고, 인권 문제에 대해서는 별로 관심을 보이지 않았다.

"너희들은 그 경제 발전이 누구의 희생에 의해 이루어졌는지 아느냐? 인권이 철저히 유린되는 열악한 여건에서 일하는 한국 노동자들의 참상을 아느냐?"

그들이 경제 발전을 칭찬할 때 우리의 상황을 말하며 힘겹게 논박을 시도했지만, 그들의 표정은 내 말을 '그게 뭐 대수냐?'고 되묻는 것 같았다. 이렇듯 내가 만난 외국인들은 한국의 열악한 인권 상황과 치열한 민주화운동을 알아주거나 응원해주지 않았다. 오히려 소위 선진국 사람들의 시선으로 보면 자기들이 '개발도상국'이라는 이름으로 근사하게 불러주는 후진국 국민들에게 민주주의나 인권은 사치품에 불과했다. 내가 아무리 동일방직의 오물 세례 사건이나 콘트롤데이터 여성 노동자의 자살 사건을 말하고, 성직자들이 구속당하는 사태를 설명해도 그들은 겉으로는 약간 동정하는 듯하면서도 실제 표정은 무덤덤했다. 충격적이고 놀라운 일이었다. 옥스퍼드대학교에 모인 학생들은 그래도 세계적인 지성인이랄 수 있는 인간들이라 믿었기 때문이었다.

나의 입장에서는 그들의 시각이 대단히 잘못되었지만, 어쨌건 한국의 경제성장은 개도국의 모범이며, 그 과정에서 자행된 독재나 인권 유린은 대수롭지 않다는 인식이 광범위하게 펼쳐져 있었다. 나에게는 커다란 충격이었다. 이는 내게 두 가지를 일깨워주었다.

하나는 반(反)박정희운동에 앞장섰던 우리 운동권은 박정희 정권이 이룬 경제 발전을 전혀 인정하지 않았지만, 국제 사회의 인식은 다르다는 사실이었다. 나는 박정희 정권의 독재 및 인권 탄압과는 별개로 박정희 정권에 의해 이루어진 경제 성장 그 자체는 인정해야 하지 않겠는가 하는 생각을 처음 하게 되었다.

다른 하나는 한국의 인권 상황에 대한 국제 사회의 인식이 우리가 생각하는 것과는 다르다는 점이었다. 오히려 '개발도상국인 한국'에 대한 인식이 우리의 생각과는 다르다는 사실이었다. 그래서 내가 내렸던 결론은 민주화운동에 대한 국제적 연대가 생각만큼 보편적이지 않으니, 우리의 역량을 더욱 적극적으로 키워야 한다는 것이었다.

브리스톨대학교에서 나는 신학부 소속이었지만, 지도교수의 배려로 정치신학을 공부했다. 오랜만에 공부를 접한 나는 유학의 기회도 잡았으니 본래의 전공인 정치학을 좀 더 공부해보고 싶은 욕심이 생겼다. 크리스천에이드에 신청했더니 선선히 받아주었고, 지도교수의 추천으로 옥스퍼드대학교 석사과정에 입학할 수 있었다.

크리스천에이드에서는 2년간의 장학금을 더 주면서, 아내에게도 평생교육원(Further Education)에 2년간 다닐 수 있는 장학금도 주었다. 이렇게 영국 장학제도의 혜택 속에 공부를 계속한 나는 가족 모두가 합류하면서 본격적으로 영국식 복지 제도를 실감했다. 언젠가는 나의 조국에도 양 떼가 풀을 뜯는 초원을 만들 수 있을 것이라는 기대도 품었다.

복지 천국의 나라

끝없이 나를 지지해준 분들이 백련사의 공양간에서 나를 만나고 돌아갔다. 지금까지 그렇게 찾아오신 분들이 몇 분이나 되는지는 헤아릴 수 없다. 그런데 그분들은 대부분 세상의 불평등과 양극화의 아픔을 말하고 돌아갔다. 어떤 이야기는 내 가슴을 저몄다. 나더러 복귀하라는 이야기에는 고개를 젓는 걸로 대답하기도 했다.

그런데 시간이 흐를수록 가슴 아픈 이야기들의 강도가 더욱 세졌다. 하루는 사람들이 찾아와 서울에서 생활고를 비관해 세 모녀가 자살했다는 이야기를 들려주었다. 경제협력개발기구(OECD)의 회원국들 중 자살률 1위라는 불명예의 나라임을 실감하게 해준 사건이다. 우리나라의 자살률이 OECD 회원국 평균의 3배이며, 특히 노인 자살률은 4배가 넘는다는 것이었다. 언론에 잘 노출되지 않을 뿐, 자살 문제는 심각하다. 나는 새삼 유럽 국가들의 복지가 부러웠다. 특히 영국에 있을 때를 떠올리다 보니 우리가 지금도 후진국적 사고에서 벗어나지 못하고 있는 건 아닌가 싶다.

영국에 가족이 도착하자마자 우리는 주민센터 같은 곳에서 사회보장카드와 국가건강서비스(NHS) 카드를 발급받았다. 요즘은 영국도 재정적자 등으로 골머리를 앓는다지만, 그 당시에 나는 영국이 그런 제도를 이미 수십 년 전부터 시행해왔다는 그 자체만으로 놀랐다. 게다가 영국 정부에서는 매주 우리 통장으로 아동양육비와 주택보조금을 보내주었다. 이 나라에 세금 한 푼 안 내고, 장학금 혜택까지 받고서 공부하는 외국인 학생에게 아동양육비와 주택보조금까지 주다니! 보험료 한 푼 안 내는 외국인 학생에게 모든 의료서비스를 무료로 제공하다니!

대처 행정부는 외국인에게 대학원 학비를 부과했지만, 그래도 유치원과 중고등학교는 외국인에게도 무료였다. 우리 아이들도 영국의 유아원과 유치원, 초등학교를 무료로 다녔다. 주택보조금으로는 학교 기숙사에서 사는 우리 집의 월세가 거의 충당되었고, 아동양육비는 아이들의 식비와 생활용품을 사는 데 요긴했다. 아프면 동네 병원에서 무료로 치료받고, 약은 처방전을 갖고 약국에 가면 비싼 약이든 싼 약이든 똑같이 본인 부담 1파운드(그 당시 약 2,000원)만 내면 받을 수 있었다. 아이들이 수시로 동네 병원에 갔는데, 의사는 항상 친절했고 약속을 잡는 데도 어려움이 전혀 없었다. 나는 허리와 목에 디스크가 있어서 종합병원에서 '트랙션'과 같은 전문적인 치료를 받았다. 이 또한 모두 무료였다. 의료 천국이었다.

그러나 영국의 이 제도에도 문제는 있었다. 해럴드 윌슨과 제임스 캘러헌으로 이어졌던 노동당 정부는 내가 영국에 가기 바로 전해에 대처 수상의 보수당 정권으로 바뀌었다. 과도한 재정 지출로 인한 재정 적자와 경기 침체, 산업의 위축에 따른 실업률 증가로 영국 국민들이 노동당 정부에 등을 돌린 것이다. '영국병'으로 불리는 이러한 경제 침체는 과도한 복지 지출에 따른 재정 파탄과 국유화에 따른 산업 경쟁력 약화에 기인했다는 분석이 지배적이었다.

영국 경제는 내가 보기에도 심각한 몸살을 앓고 있었다. 실업률은 계속 오르고, 어느 지역에서는 청년 실업률이 30퍼센트를 상회한다는 보도가 연일 신문을 뒤덮었다. 버밍햄의 공업 지대에서는 공장의 문이 닫혀 있고, 그 앞길은 황량하게 먼지만 날리고 있는 걸 내 눈으로 직접 보았다. 조선업으로 유명한 뉴캐슬에서는 조선소 도크 곁의 대형 크레인이 녹슨 채 괴물처럼 고개를 떨구고 있었다. 학교에서 자주 만나는 영국인 학생들은 풀이 죽어 있었고, 자기 나라는 이제 희망이 없다고 말하기까지 했다.

과도한 복지 정책에 따른 도덕적 해이를 직접 본 적도 있다. 학생 신분이면 등록금 외에 주택보조금과 생활보조비가 나오니, 그것으로 생활하는 학생이 많았다. 풍족하지는 않았지만 취직에 목을 매는 대신 마음에 꼭 드는 직장을 못 구하면 학교에 적을 걸고서 적당히 사는 학생이 적지 않았던 것이다. 내가 잘 아는 어떤 학생이 했던 말에 깜짝 놀라기도 했다. 대학원 진학을 위한 장학금 심사에서 떨어졌다면서 그냥 실업수당으로 살겠다고 하는 것이다. 우리 같으면 공부하고자 하는 마음이 절실하면 고학을 해서라도 악착같이 공부하겠다고 할 터인데, 장학금이 안 되니까 공부를 그만두고 실업수당이나 받으면서 살겠다니 어처구니가 없었다. 이렇듯 나는 영국에서 '복지 천국'도 봤지만 복지 국가의 맹

점도 본 것이다. 복지 정책의 허점은 반드시 보완해야 한다는 생각을 이 때부터 하게 되었다.

영국 유학 마지막 기간에 김관석 목사의 부름을 받고 들어와 기독교 사회 문제연구원 원장을 맡아서 1년간 일했다. 기독교와 재야의 싱크탱크로서 「기사연 리포트」를 만들고, 권인숙 씨 성고문 사건을 정리하여 책으로 내는 등 보람 있는 일을 했는데, 논문을 마무리하기 위해 영국으로 다시 돌아갔다.

영국 유학을 통해서 본 바깥세상은 생각했던 대로 나에게 큰 충격과 자극을 주었다. '해가 지지 않는 나라'라는 대영제국의 신화가 그대로 살아 있는 듯한 영국은 가히 세계의 중심이라는 느낌이었다. 세계의 모든 인종이 영국에 모였고, 영국 국민이 되었다. 세계의 모든 음식이 영국에 있었고, 크지도 않은 나라인 영국에 세계의 모든 항공 노선이 다 들어와 있었다. 세계의 금융이 런던에 몰려 있고, 모든 분야에서 세계를 지배하는 사람들을 영국에 앉아서 볼 수 있었다. 예일대학교를 나온 클린턴은 영국에서 주는 로즈 스칼라 장학금으로 옥스퍼드대학교에서 유학했고, 영국에서 공부한 한국 학생 신현송은 미국에서 쉽게 프린스턴대학교 교수로 자리를 잡았다.

그럼에도 영국은 서서히 스러져가고 있다는 것을 피부로 느낄 수 있었다. 아직도 세계를 하나로 엮는 그물망의 한 축으로 굳건히 자리를 잡고는 있었지만, 그 영향력은 줄어들고 있었다. 한편으로는 대영제국을 건설해서 세계를 지배하고 복지 국가를 건설했다는 자부심과, 아울러 다른 한편으로는 새로운 세계적 변화를 따라가지 않으면 안 된다는 조바심이 중첩되어 있었던 것이다.

영국을 통해서 본 세계도 빠르게 변하고 있었다. 오늘날 미국에 맞먹는 경제대국인 중국의 밑바탕에 우리가 중국을 공산주의국가라고 보던 시절부터 영국으로 경영학을 배우러 오던 학생들이 있듯이 말이다. 변화에 부응하지 않으면 쇠망하고, 변화에 적극 대응하면 새로운 발전을 이룰 수 있다. 세계를 상대로 대응하지 않으면 살길이 없다는 생각은 이렇듯 영국 유학 생활에서 시작됐다. 우물 안 개구리가 되어서는 안 된다는 생각을 본격적으로 한 것도 이때였다.

나의 목민심서

_____

3장

1. 수처작주(隨處作主)

현실정치로 나서다

만덕산에도 서서히 단풍이 들던 어느 가을날, 경기도에서 나와 함께 일했던 동지들이 강진에 왔다. 경기도청과 교육청에서 일하게 된 우리 '식구'들이 일을 시작하면서 인사드리러 오겠다는 데 차마 마다할 수가 없었다. 무엇보다도 이미 오래 전에 경기도지사 자리를 떠난 나를 찾아주니 고마웠다. 자기 자신이나 당파보다는 나라를 위해서 무엇을 해야 할까를 먼저 생각하고, 각자 위치에서 주인이 된다는 수처작주의 자세로 일하라고 당부했다.

손님들이 모두 떠난 후 산책을 하면서 나를 찾아오는 사람들의 방문 의미를 생각해봤다. 괴테의 『파우스트』를 보면 인간의 해방과 자유를 위한 몸부림이 드러나 있다. 내면세계에서 인간을 완성하려는 욕망을 잘 표현하고 있다. 세상에서 향유하는 명예, 즉 허명과 껍데기를 벗고 자기 존재의 진실을 찾으려는 몸부림이 파우스트 박사를 통해서 나타난다. 메피스토펠레스라고 하는 악마의 힘을 빌려서라도 파우스트 박사는 현재의 질곡에서 해방되고자 한다. 그 또한 인간이기에, 진실한 삶을 추구하는 인간이기에 당연한 일일 것이다.

내 남은 삶도 인간 본연의 진리를 추구하면서 살아야 하지 않을까? 국민들을 위한 저술 작업도, 복귀를 청하는 지인들의 바람도 인간의 진리를 추구하는 삶 앞에서는 허망한 게 아닐까? 그렇게 살기 위해 눈앞의 세상일을 외면하고도 인간의 진리를 추구한다고 할 수 있을까? 이렇게 번민하고 갈등할 때면 정치를 하던 시절이 자주 떠올랐다.

영국에서 귀국한 나는 한 학기 동안 서울대와 서강대에서 시간강사를 하다가 인하대 교수가 되었고, 2년 뒤에는 서강대로 옮겼다. 원래 유학을 갈 때는 학위를 얻기 위해서 간 것도 아니었고, 교수가 될 생각은 전혀 없었다. 그런데 어느덧 공부에 재미가 붙었고, 기왕이면 전공인 정치학을 다시 공부하고 싶어 옥스퍼드대학교로 옮겨가서 결국 박사학위까지 받았다.

대학교 다닐 때 데모하느라 전공 공부를 멀리 해서 정치학의 기초를 닦지 못한 나는 사실 실력이 많이 부족했음을 고백하지 않을 수 없다. 내 부족함을 메우기 위해 나는 정말로 열심히 공부했다. 강의 준비를 위해 밤을 새우기 일쑤였고, 친구들과 만나는 것조차 시간이 아까워 삼갔다. 조영래에게서도 만나서 놀자는 전화가 여러 번 왔는데, 번번이 거절하니까 하루는 화를 냈다.

"무슨 강의 준비를 얼마나 잘한다고 그렇게 비싸게 노냐? 너 혼자 대학교수 하냐?"

얼마나 섭섭했으면 그런 소리를 다 할까 싶었다.

교수를 하면서 나는 정치로 나갈 생각은 꿈도 꾸지 않고 강의와 논문, 그리고 학회 활동에만 전념했다. 정치학회 연구이사를 맡아서 학술 토론회를 준비하고, 젊은 교수들의 논문 발표를 지원하는 일도 열심히 했다. 교수로서 학생 지도에도 신경을 써서 학생들과 잘 어울려주고 개인적인 상담에도 적극 응해 '선생님' 노릇도 잘하고자 노력했다. 간혹 칼럼도 쓰고 토론에도 나갔으나 '교수'의 선을 넘지 않으려고 주의를 기울였다.

교수 생활에만 전념하던 내게 정치의 바람이 들기 시작한 건 문민정부가 등장하면서부터다. 1993년 김영삼(YS) 대통령이 집권하면서 우리

나라는 또 하나의 혁명을 겪듯이 떠들썩했다. 청와대 안가를 철거한다, 하나회를 해체한다, 인왕산 길을 개방한다, 공직자 재산 공개를 선도하고 부정부패를 척결한다면서 온 나라가 개혁의 열풍에 휩싸였다. 국민들은 개혁에 열광했고, YS의 지지율은 93퍼센트까지 치솟았다.

이러한 개혁의 열풍 속에서 경기도 광명시에서는 보궐선거가 이루어졌고, 나는 이 선거에 출마했다. 광명시는 과거 경기도 시흥군 서면이었다. 나의 고향은 동면이지만 서면에서 신작로로 나오려면 동면을 거쳐야 했기에 동·서면이 한동네나 다름없었다. 게다가 아버지가 서면초등학교 교장으로 재직하셔서 광명 토박이들은 우리 집을 잘 알았다.

나는 민주화운동과 교수 경력, 지역 연고를 배경으로 YS의 추천을 받았고, YS도 당을 통해서 출마를 제의해왔다. YS의 개혁이 군사정권을 문민정치로 전환하는 역사적 의미가 있다고 생각한 나는, YS의 개혁에 힘을 보태겠다는 뜻에서 출마하기로 했다.

최형우 사무총장으로부터 연락이 와서 만나러 갔다. 그런데 그는 사무총장실로 들어서는 나를 본척만척하며 전화로 누군가에게 큰소리를 치고 있었다.

"그 새끼 당장 모가지 떼고 잡아 처넣어."

나한테는 노골적으로 불쾌한 표정을 지으며 앉으란 말도 안 하고 전화통에 대고는 군인이나 정보부보다 더한 권위주의적 자세로 큰소리를 쳐댔다.

'저 사람은 도대체 어떤 사람인가?'

나중에 알게 되었는데, 그는 자신이 YS 정권의 초대 사무총장이다 보니 광명시 보궐선거의 공천은 자기 몫으로 생각했던 것이다. 그래서 어떤 후보를 미리 정해놓고 있었는데 대통령이 위에서 딴사람을 내려보내니 기분이 좋을 리 없었던 것이다. 그래도 명색이 대학교수인 손님이 왔는데 거들떠보지도 않고 안하무인으로 큰소리를 치고 있으니 나에게는 아주 나쁜 첫인상으로 기억되는 사람이었다.

나중에 알고 보니 최형우 총장이 '모가지 자르고 잡아 처넣으라!'고 지목한 사람은 당시 상지대 이사장이면서 국회의원이던 김문기 씨였다. 며칠 후 실제로 김문기 씨가 구속되고, 국회의원 배지도 떼고, 상지대에서 쫓겨나는 것을 볼 수 있었다. 당시 YS의 개혁 분위기는 마치 혁명군의 위세 같았다. 민정계는 쪽도 못 쓰고 움츠러들었다. 오죽했으면 김재순 전 국회의장이 '토사구팽'이라는 말까지 썼을까?

그렇게 나는 민자당에 들어갔고, 곧바로 서강대학교에 사표를 제출했다. 공천장도 받기 전이었다. 나는 교수가 한번 정치로 나가면 교수 자리를 깨끗이 내놓아야 한다고 생각해왔다. 언젠가 선배 교수 출신인 어떤 정치인이 어느 자리에서 후배 교수들에게 "정치는 더러운 것이다. 장관이건 수석이건 국회의원이건 제의가 와도 절대 받아들이지 말라"고 말하는 것을 본 일이 있다. 그런데 정작 자신은 정치에 나간 지 여러 해가 되었는데도 교수 자리를 그냥 쥐고 있었다. 나는 그때 그분이 했던 말을 기억하며 이런 생각을 했다.

'정치가 더러우면 걷어치우고 나오면 될 것 아닌가? 정치를 계속하면서 권력도 누리고, 교수 자리는 교수 자리대로 차지하고 있어서 후배들 앞길을 막고 있으면서 저런 소리를 할 수 있나?'

나는 그런 기회주의적 자세를 견딜 수 없다. 그래서 출마를 결심하고는 곧바로 사표를 제출한 것이다. 나중에 들은 이야기지만, 학교에서는 내가 국회의원에 당선되고 나서 사표를 수리했다고 한다.

나는 선거운동에서 '대통령이 불렀다. 개혁 위해 나왔다'라는 구호를 앞세워 개혁의 선봉임을 자처했다. 현실에서 처음 치르는 선거였지만 별로 두려움이 없었다. 그러나 한 가지 미묘한 느낌을 가진 일이 있었다. 지구당 개편 대회에서 내가 김종필 대표위원으로부터 임명장을 받게 된 것이다. 내가 그렇게도 반대하고 저항했던 군사정권의 주역, 유신체제의 핵심으로부터 임명장을 받고 그의 축사까지 받다니! 같이 사진을 찍으

나의 목민심서
강진일기

면서도 기분이 묘했다. 광명이 원래 호남 인구가 많은데다 평민당 쪽 성향이라지만 나는 별 어려움 없이 당선되었고 현실정치의 첫걸음으로 국회의원 생활이 시작되었다.

나는 개혁의 전도사가 된 듯 우쭐했고, 사람들은 나를 실세로 대접해주었다. 사람들은 내가 YS와 특별한 인연이 있다고 생각했다. 어떤 사람들은 내가 영부인이던 손명순 여사의 사촌동생이라고도 했고, 조카라고도 했다. 특히 민정계 사람들이 그랬다. 그러나 정작 나는 청와대에 가서 공천장을 받을 때 처음으로 YS를 대면하고 악수했다. DJ와는 민주화운동 시절에 여러 번 가까이서 접해 면식이 있었지만, YS와는 개인적으로 아무런 인연도 없었다. 물론 손명순 여사와도 아무런 인척관계가 아니었다.

사정이 이러한데도 나는 나도 모르는 사이에 실세가 되어 있었다. 어쩌면 나의 거침없는 처신이 나를 실세로 보이도록 했는지도 모른다. 개혁의 전도사를 자처하고, 하룻강아지 범 무서운 줄 모르는 듯한 내 처신이 다른 정치인들 눈에는 실세라서 저러는가 보다, 라고 생각하게 하지 않았나 싶다.

국회에 들어가서 재무위원회에 배정을 받은 뒤에는 회의 때마다 왜 금융실명제 안 하느냐고 따졌다. 금융실명제 얘기가 나왔을 때부터 그

것을 최고의 개혁 과제로 생각했던 나는, 개혁의 선봉장이라는 자부심에 따라 사명감을 갖고 떠들었다. 나중에 생각하면 계면쩍은 게, YS 정부에서는 이미 비밀리에 실무단을 만들어 금융실명제를 준비하고 있었다. 그 당시 홍재형 재무장관이 시치미 뚝 떼고 대응했던 장면을 생각하면 지금도 낯이 뜨겁다. 아마 다른 사람들, 특히 민정계 의원들은 내가 실세라 내용을 미리 알고 저렇게 떠드는 거라 생각했을지도 모른다.

광주 5·18 민주화운동 기념식에 참석했을 때였다. YS 정부가 들어선 뒤 처음으로 5·18 민주화운동 기념식을 공식 행사로 치르게 되었다. 나는 민주화운동에 앞장선 사람으로서 당연히 기념식에 참석해야 한다고 여겼기에 광주 망월동에 갔다. 국회의원에 당선된 지 채 한 달이 되지 않았을 때였고, 민자당 의원은 나 혼자였다. 행사장에 도착해서 식장으로 들어가려는데 군중들이 나를 막아섰다.

"민자당 국회의원이 여기 왜 왔어?"

"손학규는 가라!"

내가 당황해서 엉거주춤하는데 거기 먼저 와 있던 평민당의 이길재 의원과 장영달 의원이 "손학규 의원은 우리 민주화운동 동지야. 그렇게 하면 안 돼" 하며 나를 단상으로 안내했다. 이길재 의원은 가톨릭농민회 회장 출신으로 1970년대 내내 민주화운동을 같이 했던 동지고, 장영달

의원은 민청련 학생운동 출신의 가까운 후배다. 그때 이후 나는 외국에 나가 있을 때를 빼놓고는 한 번도 5·18 민주화운동 기념식을 빠지지 않았다.

이렇듯 의욕 넘치고 거침없이 시작한 정치생활이지만, 앞으로 전개될 정치의 차가운 현실을 암시해주는 조그만 에피소드를 잊을 수 없다. 국회의원이 되고 첫 회기가 끝난 날 여당 의원들이 청와대로 저녁을 먹으러 가려고 버스를 탔다. 그 당시에는 대통령이 여당의 총재였기에 수시로 여당 소속 국회의원들을 청와대로 초청해 식사를 대접하곤 했다.

나는 버스를 타고 가면서 "국회 들어와서 첫 투표였는데, 첫 투표부터 거수기 노릇을 하니까 기분이 좀 찜찜합니다"라고 말했다. 법안에 대한 표결에 앞서 찬반 토론이 있었는데, 이 말도 옳은 것 같고 저 말도 옳은 것 같아 확실한 소신을 갖지 못한 상태에서 원내총무단의 지시에 따랐다는 말을 한 것이다. 국회에 들어올 때는 소신을 갖고 의정 활동을 하겠다고 다짐했던 나였기에 더더욱 기분이 언짢았다. 그랬더니 나중에 당 대표까지 된 어떤 의원이 이런 말을 했다.

"거수기 노릇할 때가 행복한 겁니다."

이 말은 그 후 의정 활동 내내 내 머릿속을 맴도는 화두가 되었다.

국회의원은 결국 정권과 정당의 부속품에 지나지 않는가?

아무리 참신하고 개혁적인 사람이 국회에 들어와도 금방 현실정치에 동화될 수밖에 없는 것인가?

현실정치에 대한 나의 고민을 압축하는 한마디이기도 했다.

어느 순간이든 최선을

한 언론인이 강진까지 찾아와 신문에 칼럼을 썼다며 보여주었다. 그 칼럼의 제목은 '통일외교력을 갖춘 장외정치인들'이었다. 그런데 결론은 '다음 대선구도가 반기문 대 손학규가 될까?'였다. 그동안 통 연락도 못해서 미안한 마음이 있었는데, 이 사람은 꾸준히 내 생각을 하면서 기대를 저버리지 않고 있었다. 이미 세계는 경제전쟁, 외교전쟁이 시작되었으니, 이에 대처할 수 있는 리더십이 필요하다고 말했다. 그 준비를 할 수 있는 사람은 손학규밖에 없다며 열변을 토했다.

"대한민국이 어디로 가야 할 것인가를 제시하는 비전서를 내놔야 합니다."

그의 말을 들으며 문득 다산의 『경세유표』가 바로 그 비전서라는 생각이 들었다.

나의 국회의원 생활은 순탄하게 시작되었고, 그야말로 잘 풀렸다. 사실과는 다르게 대통령의 측근 실세로 알려진 것도 내 입지 구축에 도움이 되었다. 국회의원이 되어서 상임위원회 배정을 받을 때 나는 내심 재무위원회에 가기를 원했는데, 마침 원내수석부총무가 내게 먼저 재무위원회를 권유했다.

"흔히들 건설위원회가 좋다고 하는데, 손 의원은 이권을 챙기는 국회의원이 되기보다는 경제 공부를 해서 멀리 보는 것이 좋겠습니다."

상임위원회 활동도 열심히 했고, 본회의에든 상임위원회에든 개근하면서 열심히 공부했고 성실하게 준비했다. 장관들과 공무원들에게는 예의를 갖추면서 예리한 질문을 하니까 공무원들 사이에서 금방 소문이 났다. 아는 사람을 통해 재무부와 경제기획원의 엘리트 사무관들을 몇 명 골라 국회 밖에서 별도의 공부 모임을 만들어 경제 공부도 하면서 의정 활동을 준비했다. 그때 참여했던 사무관들 중에는 나중에 국회의원과 대통령 비서실장을 지낸 임태희, 금융감독원장이 된 권혁세, 공정거래위원회 부위원장을 지낸 이성구 등이 있었다.

그즈음부터 시작된 시민단체 모니터링에서 국감이나 연말평가 등에서의 최우수의원으로 항상 선발되었고, 기자들이 뽑은 최우수 의원으로도 선정되었다. 특히 공무원들이 선정한 우수의원단 중에서는 단연 최고여서 큰 자부심을 가졌다. 공무원들에게 인정받는다는 것은 그만큼 내 실력과 자세가 인정받았다는 뜻이기 때문이다.

정치를 시작하면서 내 가슴은 한없이 부풀었고, 변화와 개혁에 대한 꿈 역시 구름같이 피어올랐다. 거리낄 것이 없고, 거칠 것도 없었다. 대통령에게도 해야 할 말은 하는 정치인이 되고 싶었다. 대통령의 차남 현철 씨가 월권을 한다고 한참 언론에서 시비가 붙으면서 여론이 나빠지던 때였다. 국민 여론이 너무 나빠 대통령의 국정 수행에 너무 많은 지장을 초래하는 것 같아 참을 수 없었다.

며칠 고민하다 순수한 사명감에 불타올라 대통령에게 면담을 신청했다. YS는 보궐선거로 들어온 내가 의정 활동을 충실하게 하고 여기저기서 좋은 평들도 들으니 면담 신청을 하면 곧바로 들어오라고 했다. 따로 단둘이 식사도 몇 번 할 정도로 '총애'를 받았다.

대통령 방에 가기 전에 당시 교육비서관으로 있던 송태호 전 문체부 장관의 방에 들렀다. 송태호 선배에게 현철이 문제 때문에 대통령을 만나러 간다고 말했더니 표정이 심각해졌다.

"현철이 얘기는 터부인데…. 안 하는 게 좋을텐데."

송 선배는 말을 채 끝맺지 못하고 얼굴에 그늘을 드리웠다.

"뭐, 대통령이 싫다고 하면 할 수 없지요. 내가 뭐하러 정치판에 들어 왔습니까? 해야 할 말도 무서워서 못하면 뭐하러 정치합니까? 그만두라 면 그만둬야지요."

패기 있게 말을 내뱉은 후 나는 대통령 방으로 갔다.

김영삼 대통령을 만나 처음에는 이 얘기 저 얘기 꺼내다가 말끝에 현 철 씨 얘기를 꺼냈다.

"시중에 김 소장이 국정에 지나치게 관여한다는 부정적 여론이 많습 니다. 아무래도 조치를 취하셔야 할 것 같습니다."

역시 YS의 얼굴은 금방 어두워졌다. 대통령은 그럼 어떻게 하면 좋 겠느냐고 물었다. 나는 '각하께서 잘 알아서 대처하실 것'이라고 말을 빼 니, 대통령은 '어떻게 하라는 말이냐'고 다시 물었다. 얼굴 표정은 굳어 져 있고 분위기는 냉랭해졌다. 그러나 내친걸음인데 어쩌랴.

"아무래도 국내에 있으면 시비가 끊이지 않겠지요. 언론에서는 '와세 다대학 유학' 같은 이야기도 나오던데요."

YS는 그때부터 팔목시계를 엄지손가락 방향으로 틀고서 시계를 보 기 시작했다. YS는 듣기 싫은 이야기가 나오면 팔목시계를 위쪽으로 틀 어놓고 자꾸 들여다보는 것으로 유명했다. 듣기 싫으니 이만 나가라는 뜻이었다.

나는 할 말은 다 했고, 대통령이 나가라는데 더 있을 수도 없고 해서 우물쭈물하다가 일어났다.

'이제는 끝이구나. 그만두라면 그만두지 뭐.'

그때 속으로 그렇게 웅얼거렸던 것 같다. 어쨌든 '할 말은 하고 사는 정치인'이라는 나 자신의 정체성을 확인한 시간이었다. 그 일로 일신상에 변화가 올 거라 생각했는데 얼마 뒤에 오히려 나를 대변인으로 임명했다. YS가 속이 넓은 정치가임은 분명했다.

어느 날 의원회관에서 국정감사인지 상임위원회인지 준비를 하고 있는데 YS로부터 전화가 왔다. 당 대변인을 하라는 것이었다. 나는 얼떨결에 '네, 네' 하고 전화를 끊었다. 마침 비서진들과 저녁을 먹으러 나가던 참이었다. 나는 나가면서 저녁 먹고 들어올 때까지 직원들에게 한마디도 안 했다. 생각에 골몰했기 때문이다. 아무리 생각해도 아닌 것 같았다. 들어오자마자 청와대에 전화를 걸어 대통령을 바꿔달라고 했다.

"조금 전에 각하 전화를 받고 얼떨결에 네, 네 했는데, 생각해보니 도저히 제가 감당할 수 있는 자리가 아닌 것 같습니다. 다른 사람으로 해주십시오."

대통령은 어이가 없는 듯했다.

"손 의원이 잘 할 거예요."

"아닙니다. 정치 경험도 일천하고 언론도 모르는 사람이 막중한 집권당 대변인 업무를 맡는다는 건 말이 안 됩니다. 집권당 대변인이 실수라도 하면 각하의 국정 운영에 누를 끼칩니다."

내가 완강히 사양하니까 YS는 어이가 없기도 하고 당황하기도 했던 것 같다. 잘 할 수 있을 거다, 못한다 하는 말이 몇 번 오간 뒤에 YS가 별안간 전화를 끊자고 말해서 전화를 끊었다. 이제는 끝났구나 생각했다. 대통령이 기분 나빠서 전화를 끊었으니 대변인은 말할 것도 없고 나의 정치 생활마저 이제 끝이겠거니 생각했다. 어쨌거나 정치인은 자기 일에 대한 책임의식을 확실하게 가져야 한다는 생각을 실천했다고 자부했다.

다음 날 아침에 기자들에게서 전화가 오기 시작했다.

"손 선배가 대변인 된다면서요?"

"아냐."

"연락 안 받았어요?"

"아니."

나는 분명하게 말했다. 지난밤에 대통령과의 전화를 언짢게 끊었으니 대변인 건은 끝났다고 확신해서였다. 그런데 웬걸, 조금 있다가 TV에서 신임 당직자 발표가 나오는데 '대변인에 손학규', 이렇게 나오는 게 아닌가? 곧이어 기자들의 전화가 빗발쳤다.

"대변인 첫마디가 기자들에게 거짓말이요?"

내 대변인직은 그렇게 시작되었다.

국회의원의 또 다른 현장은 지역구다. 국회의원은 지역구가 튼튼해야 의정 활동도 잘 할 수 있다. 나는 지역구 활동도 열심히 했다. 아니, 재미있게 했다. 지역 행사는 되도록 빠지지 않고 참석했다. 물론 국회 본회의나 상임위원회 회의, 당의 공식 행사가 우선이지만, 그런 일만 없다면 지역구의 대소행사에 빠지지 않으려고 노력했다. 다행히 지역구였던 광명시가 국회에서 한 시간이 채 걸리지 않는 거리에 있어서 잠깐씩 틈을 내서 다녀올 수 있었다.

하루는 저녁 약속도 여러 개 있어서 늦은데다 그날따라 눈이 많이 와서 광명에 있는 상갓집에 새벽 3시 반에야 문상을 간 일이 있었다. 상갓집은 농촌 마을인 학온동에서도 아주 외진 곳에 있었는데, 눈 때문에 길이 미끄러워 겨우겨우 도착했다. 물론 그 시각에 문상객들이 있을 리가 없었다. 그때만 해도 시골에서는 시신을 방에 모시고, 병풍 앞에 상청을 차려놓고 있을 때다. 상주도 시간이 늦어 상청 옆에 골아 떨어져 있었고, 집 안은 고요했다.

오밤중에 내가 들이닥치니 상주가 화들짝 놀라 일어서고 집 안 식구들이 부리나케 상을 차렸다. 정치인이 문상을 갈 때는 상주에 대한 인사이기도 하지만 동네 사람들을 만나는 것도 큰 목적인데, 그날은 당연히 아무도 볼 수 없었다. 그런데 그것이 더 큰 효과를 보았다. '학규가 눈길을 뚫고 새벽 3시 반에 찾아 왔더래' 하고 소문이 온 동네에 퍼지면서 지역민들에게서 오히려 좋은 평가를 얻을 수 있었다.

내가 중앙에서도 지역에서도 열심히 하니까 어느 날 경기도 소속 국회의원들의 모임에서 당시 경기도의 좌장이던 이한동 의원이 '손학규 대성하겠어'라고 여러 사람들 앞에서 덕담을 해주었던 기억이 난다. 결과적으로 돌아보면 나 자신을 위한 일이 되었지만, 그건 내게 현재 주어진 일에 최선을 다한 결과였다고 생각한다.

다산은 진심으로 행동하면 알게 되고, 알게 되면 심신을 수양하게 된다고 말했다. 이제와 생각해보니 최선을 다했을 때의 나의 행동은 다산의 말을 이미 실천하는 것이었다는 생각이 들었다. 행동하면서 민심과 세상을 알게 되었고, 이 나라와 국민을 위한 내 나름의 비전을 세울 수 있었던 경험이었다.

2. 세상을 바꿔야지

나라를 책임질 큰 꿈

다산이 살아가던 조선 후기에도 양극화가 심했다고 한다. 양반과 상민, 관리와 백성의 갈등은 그 골이 깊어질 대로 깊어져 있었다.

넘실대는 연못에도 물고기 안 기르고
아동들에게 연꽃 심기 조심하라네
연밥 따다 관청에다 바쳐야 할 뿐이랴
틈만 나면 관리들이 고기 잡으러 올 일이 더 걱정이네

다산은 관리와 농민들 사이에 깊어진 갈등을 시로 표현했다. 연꽃을 연못에 심었을 뿐인데 연밥을 관청에 바치라 할 정도로 탐학질이 심한 시대였던 것이다.

　초선의원으로 지내던 시절에 최형우 의원을 만나 이야기를 나누다가 놀란 일이 있었다. 최 의원은 집권 초기 사무총장으로서 마치 점령군 사령관처럼 잘나가다가 아들 문제로 사임했지만 정치적 영향력은 여전히 막강했다. 그날 최 의원이 내게 이런 말을 했다.

　"손 의원, 큰 뜻을 가지세요. 나라를 위해 몸을 바쳐 큰일을 하겠다는 야망과 사명감이 없으면 아예 지금 그만두고 대학교로 돌아가세요."

　그분에게서 들은 그 말이 당시에는 좀 충격적이었다. 나의 광명 선거를 적극 지원하였고, 그 뒤에도 계속 호의를 보였지만 솔직히 마음속으로부터 나오는 존경심을 갖고 그를 대하지는 않았다. 그저 상도동 '특무상사' 출신으로 어쩌다 득세한 정치인 정도로만 생각하고 있었다. 그런 최형우 의원이 나에게 중요한 두 가지 가르침을 준 것이다. 하나는 정치인의 '돈'에 관한 것이고, 또 하나는 정치인의 '뜻'에 관한 것이었다.

　"나는 YS의 가신이 아니오. 정치적 동지지. 그런데 나는 YS한테서 좋은 가르침을 받았소. 정치인은 돈을 탐해서는 안 된다는 거요. 정치인의 돈은 왼쪽 주머니로 들어와서 오른쪽 주머니로 나가는 것이오."

최형우 의원은 구태의연한 정치를 경계하라는 가르침을 주었다. 그 당시의 관행대로 별생각 없이 '돈정치'에 물들면 결국 나도 똑같은 구태 정치인이 될 수 있었으니, 최 의원의 충고는 잊을 수 없다. 그리고 내심 구태정치인이라고 생각했던 최형우 의원이 이런 생각을 갖고 있었다는 사실이 놀라웠다.

정치인이 '뜻'을 가져야 한다는 최형우 의원의 충고는 나를 더욱 놀라게 했다.

"젊은이라면 마땅히 나라를 책임지겠다는 큰 꿈을 가져야지 적당히 국회의원 재선, 삼선이나 하면서 권력이나 누리려고 한다면 진작 걷어 치워요."

내가 전형적인 구태정치인이라고 생각했던 사람이 국가를 위한 큰 뜻을 말한다는 것이 놀라웠고, 이분도 그런 큰 뜻을 키우고 있구나 하는 생각에 놀랐다. 무엇보다 자기가 관심을 갖고 돕고자 하는 젊은 정치인 에게 큰 뜻을 키우라고 충고해주는 마음이 고마웠다.

1997년 대선이 가까워지자 국회의원을 겸직하던 장관들이 국회로 돌아가야 했다. YS가 나를 부르더니 어떻게 하겠느냐고 물었다. 개각을 준비하면서 보건복지부 장관이었던 내 의향을 묻는 것이었다. 이것 자체가 특이한 일이었다.

"각하께서 생각하신 바가 있으실 테고, 저는 각하의 뜻에 따르겠습니다. 하지만 개인적으로는 국회로 돌아가서 대선을 직접 경험하고 싶습니다."

나는 그렇게 말했다. 개각이 다가오자 전화로 다시 내 의향을 물었다. 나는 똑같이 대답했다. YS는 나를 계속 유임시키고 싶었던 게 아닌가 싶었다.

국회로 돌아온 나는 대선에 적극 기여하고 싶었다. 그러나 나에게 그런 기회가 오지 않았다. 나는 당 총재를 맡은 조순 총재의 비서실장이 되었고, 결국 조순 총재를 수행하며 유세를 돕는 것이 대선에서 내가 한 역할의 전부였다. 이회창 후보가 대선에서 패배한 후 나는 경기도지사에 출마하는 쪽으로 생각을 정리했다. 어쩌면 대선 과정에서부터 경기도지사 출마를 생각했다고 하는 것이 맞을 것 같다.

"경기도지사 절대 나가면 안 돼요. DJ가 새로 집권했는데, 경기도지사를 내줄 것 같아요? 절대 나가면 안 돼요!"

YS가 퇴임하기 열흘 전쯤 나는 청와대로 그를 찾아뵙고 경기도지사 출마 의향을 말했다. 그랬더니 YS는 조건반사처럼 저런 반응을 보였다.

"그러지 않아도 손 의원이 경기도지사에 출마한다는 보도를 보았는

113

데, 절대 나가면 안 돼요!"

YS는 거듭 출마하지 말라고 만류했다. YS는 타고난 동물적 정치감각을 가진 분으로 알려져 있었다. 그 순간 나는 YS가 그 특유의 동물적 정치감각을 발휘한 게 아닐까 하는 직감이 들었다. 그때는 여당의 후보로 임창열의 '임' 자도 나오기 전이었지만, YS는 DJ가 강력한 후보를 내서 어떤 수를 쓰든 서울시장과 경기도지사 자리를 차지할 것이라는 정치적 판단을 한 것이다.

결국 YS의 판단이 맞았다. DJ의 신정권은 YS 정권 말기의 재경부 장관으로 1997년의 IMF 사태 때문에 국민 인지도가 급격히 높아진 임창열 장관을 후보로 내놓았다. 나는 YS의 적극적인 만류를 뿌리치고 출마했고, 결국 패했다. 돌이켜보면 그 선거는 어차피 질 선거였다. YS의 그 유명한 동물적 정치감각을 실감했고, DJ의 탁월한 현실감각을 공부했다.

대한민국 손학규

나의 도지사 선거 캐치프레이즈는 '대한민국 손학규'였다. 선거를 도와준 친구 주진윤의 아이디어였다. 많은 사람들이 반대했지만 내가 좋아서 채택했다. 어떤 사람들은 캐치프레이즈 때문에 졌다고 했으나, 나는 그렇게 생각하지 않았다.

경기도는 대한민국의 축소판이다. 경기도를 경영하겠다는 사람은 대한민국의 밑그림을 그리고, 그 속에 경기도를 놓고 생각할 줄 알아야 한다. 내가 나중에 경기도지사가 되어 경기도의 캐치프레이즈를 '세계 속의 경기도'로 정한 것도 세계로 뻗어나가는 대한민국의 미래 지도에 경기도가 앞장서야 한다는 생각 때문이었다.

'이제 나는 내 스스로 길을 개척하고, 대한민국의 미래 그림을 그려야 한다.'

이것이 경기도지사 선거를 치르고 나서 다진 내 각오였다. 사실상 내가 독자적인 정치의 길을 걷겠다는 각오였다.

다산은 자신의 일대기인 『자찬묘지명』의 「집중본」에서 '우리의 낡은 나라를 혁신하려'는 뜻에서 『경세유표』라는 책을 썼다고 밝혔다. 다산은 혁신하려면 교과서가 바뀌어야 한다고 생각했다. 당시 조선의 교과서라면 사서오경이었다. 다산은 관념적이고 성리학적으로 해석된 주자의 경학을 다시 해석하여 그 자신의 실학적이고 실천 가능한 논리로 만들었다.

다산은 주자가 『논어』의 한 경문을 잘못 해석했다며 분노하기도 했다. 그 경문의 내용이란 '인간은 태어날 때부터 상등, 중등, 하등 인간이 있으며, 중등이나 하등 인간들은 상등 인간들의 지배를 받아야 한다'는 것이었다. 이에 대노한 다산은 '이런 학설은 맹수나 홍수의 피해보다 무섭다'고 말하며 당시의 교과서를 평등이라는 개념으로 새롭게 해석하여 『경세유표』를 쓴 것이다.

다산의 목민사상을 실천하는 많은 분들이 토담집을 방문하는 일이 잦아졌다. 이낙연 전남지사는 취임 이후 공정한 인사 관리와 혁신적인 행정으로 전라남도의 분위기를 많이 바꾸었다고 한다. 강진원 강진군수는 조용한 사람인데, 강진 발전을 위한 열정과 아이디어는 열화와 같이 타오른다. 곡성군의 유근기 군수는 곧고 의협심이 강한 목민관으로, 지방 행정의 분위기를 일신하는 데 큰 역할을 하고 있다. 영암의 전동평 군수도 깨끗한 인사로 공무원들의 신임을 받고 있다. 박우섭 인천남구청장은 민주화운동 때부터 잘 아는 후배다. 그는 고 김근태 의장이 가장 신뢰했던 정치인으로, 서민들을 위한 행정을 실천에 옮기며 정치 개혁에도 앞장서는 목민관이다.

경향 각지에서 많은 시장·군수들이 나를 찾아주어 고마우면서도 내가 아무런 도움이 되지 못해 미안하기만 했다.

내 도지사 선거 출마로 비게 된 자리를 채우기 위한 보궐선거에서는 조세형 의원이 당선되었고, 낙선한 전재희 전 시장이 위원장직을 사퇴하고 나간 자리는 2년이나 비어 있었다. 내가 1년 가까이 미국 워싱턴 D.C.에 가 있었는데도 아무도 이곳에 지원하는 사람이 없었다. 수도권 지역구지만 상대가 상대인지라 아무도 엄두를 내지 못했던 것이다. 선거를 두어 달쯤 남겨둔 어느 날, 하순봉 사무총장에게서 전화가 왔다.

"손 의원, 이번 총선에서 광명을 맡아줘야겠어요."

내 주변에서는 반대가 많았다. '광명은 일단 떠났으니 명분도 없고, 조세형 권한대행하고 싸우라는 것은 나가서 죽으라는 뜻이다. 비례대표를 주든지, 다른 좋은 지역구를 달라고 해라'고 하면서 절대로 광명에 나가서는 안 된다고 말하는 사람들이 대부분이었다.

"어차피 당에서 나한테 광명에 나가라고 했는데 안 나간다고 하면 뭐가 되느냐? 조세형 무서워서 못 나간다는 말밖에 더 되느냐? 그런 사람이 앞으로 당에서 어떻게 정치하느냐? 죽든 살든 나가는 수밖에 없다."

나의 대답이었다.

그렇게 '대한민국 손학규'는 총선에 출마했고, 제16대 국회의원이 되었다.

3선 국회의원이 되고 한참 뒤 어느 날, 문득 나도 모르게 현실정치의 타성에 젖고 있다는 생각이 들었다. 마음은 교만해지고 처신은 느슨해졌다. 3선에 당선된 뒤 나는 당 총재 선거에 출마했다. 내가 당선될 가능성은 없었지만 날로 권위주의가 더해지는 당과 총재에 대항해서 당의 분위기를 혁신하고 싶었다. '제왕적 총재'를 타파하겠다는 명분을 내걸었다. 뜻은 좋았다.

그러나 지금 생각해보면 그 무렵에는 부끄러운 일들이 많았다. 총재 경선이라는 목표에 나의 모든 것을 걸기보다, 실제로는 당에 경종을 울리면서 나 자신의 몸값을 올리겠다는 다른 의도를 마음속에 품고 있었던 것이다. 그러니 싸움이 제대로 될 리가 없었다. 능력이 모자라도 '해야 한다'는 사명감으로 죽기 살기로 나섰어야 하는데 작은 욕심 때문에 이미 싸움에서 지고 있었다.

무엇보다 정신이 바르지 못했다. 내가 무엇을 하겠다는 의지가 있어야 하는데, 남이 무엇을 잘못한다는 네거티브에만 몰두한 것이다. 결국 네 명의 후보 중 꼴찌로 지고 말았다. 무슨 일을 하든 목표가 분명해야 하고, 이것을 이루기 위해 순수하고 진정한 열정이 있어야 한다는 교훈을 비싼 수업료를 치르고 배웠다.

강진의 봄은 떨어지는 동백꽃과 함께 시작되는 모양이었다. 동백나무숲이 붉은색으로 덮이면 만덕산에 봄기운이 가득하다. 나무와 풀잎이 녹색으로 더 짙어지면서 산 전체가 푸른 융단으로 뒤덮인다. 토담집에서 바라보는 강진만은 산수화 그림 속의 풍경처럼 펼쳐진다. 만덕산은 동백나무와 후박나무, 차나무 등의 숲이고, 강진만은 연이은 섬들이 꽉 찬 호수 같은 바다다. 이 토굴 터에서 공부한 스님들은 모두 성불했을 거라는 생각이 들곤 했다.

어린이날인 5월 5일, 백련사에서 팔국사(八國師) 다례제가 열렸다. 나도 그 자리에 참석했다. 도탄에 빠진 백성들의 아픔과 함께했던 여덟 분의 국사들을 기리는 행사였다. 축사를 하라고 해서 결사의 의미에 대해 말했다. 결사는 쉽게 정의하면 개혁과 혁신이라고 말했다.

백련결사는 원묘국사 요세 스님을 중심으로 고려를 침공한 몽골군에 항전하는 한편, 세속권력과 유착한 당시 불교를 혁파해서 도탄에 빠진 백성들에게 희망을 주기 위한 결사였다. 보조국사 지눌 스님이 중심이 된 송광사의 정혜결사와 쌍벽을 이루는 백련결사는 서민대중을 구제하려는 정토신앙을 표방하여 일반서민들의 지지를 받았다.

내가 여기 백련사를 찾아와 토담집에 자리를 잡은 것은 우연이었지만, 백련결사의 정신이 바로 지금의 시대정신이라는 걸 깨달은 것은 필연이라는 생각이 들었다.

공무원이 신나야

내가 보건복지부장관이 된 건 정치권에 들어온 지 3년째 되던 해인 1996년의 일이다. 건국대학교에서 특강을 하고 있는데 교무처장이 강당의 단상으로 메모지를 가져왔다. 쪽지를 보니 대통령이 급히 전화 통화를 원하는데 공중전화로 전화를 하라는 전갈이었다. 그 당시 청와대는 무슨 일이든지 대외비를 요하는 일이면 공중전화를 이용하라고 했다. 강의가 끝나고 내려가 대통령에게 전화를 걸었다.

"보건복지부장관을 하세요."

대변인을 하라는 YS의 요청을 고사한 일이 있었지만, 이번에는 못하겠다는 말을 하지 않았다. 그렇다고 기쁜 것도 아니었다. 보건복지부는 장관이 연이어 세 번이나 낙마한 골치 아픈 자리였기 때문이었다.

그런데 장관이 되고 나서 지금 생각해도 믿어지지 않을 정도로 신명나게 일했다. 3년을 끌던 한약분쟁을 마무리했고, 식품의약품안전청 조직을 확장·안정시켰다. '노인의 날'을 제정하고, 노인복지심의관을 신설했다. 장애인복지심의관을 신설하고, 장애인보장구에 관한 법을 만들어 장애인 전용 주차장 제도를 실시하고, 건물마다 장애인을 위한 경사로를 만들거나 운반 수단 설치를 강제화했다. 건강보험 통합을 추진하고,

국민연금 기획단을 만들어 복지 제도의 기초를 세웠다. 국립암센터의 운영 체계를 만듦으로써 오늘날의 것과 같은 국립암센터를 만드는 기초를 확립했다. 응급 의료 체계에 대한 기초 작업도 그때 했다.

어렵고 힘든 자리였지만 보건복지부장관을 하면서 나는 많은 것을 경험하고 배울 수 있었다. 행정 경험이 전혀 없던 나에게 보건복지부장관은 커다란 도전이었다. 기독교사회문제연구원이라는 조직을 1년간 운영해본 일은 있었지만, 그것은 직원이 10여 명밖에 되지 않는 작은 조직이었고 예산도 얼마 되지 않는 인권운동을 위한 민간 조직이었던 만큼 공적 책임도 크지 않았다. 본부 직원만 700명에, 산하기관 직원이 수천 명에 이르고, 정부부처에서 가장 많은 산하단체들을 거느린 거대한 정부 조직을 이끄는 것은 내게는 엄청난 모험이었다.

보건복지부장관으로서 해결해야 했던 가장 큰 과제는 한약분쟁이었다. 내가 취임할 당시 한의학 관련 정책의 큰 틀은 잡혀 있었지만, 아직 시행령을 만들지 못하고 있었다. 취임하자마자 약사법시행령을 제정하고, 한방정책관실을 만들었는데, 한방정책관을 임명할 때의 일이 아직도 기억에 남는다. 당시 한의사회에서는 정부에 대한 불신이 큰데다가, 나의 아내가 약사이기 때문에 약사회 편을 들 것을 우려해 나를 불신하는 분위기였다. 나는 한방정책관 임명이 한약분쟁의 키를 쥐고 있다고 생각하고 적임자를 물색했다. 한의사회에서 수긍할 수 있고, 약사회를 설득할 수도 있는 인사를 임명해야 한다고 생각했다.

이리저리 알아보니 적임자가 한 사람 있었다. 식품정책국장으로 일하고 있는데, 보건복지부 내에서 가장 유능한 행정공무원 중의 하나로 꼽히고 있는 사람이었다. 그런데 문제는 직급이었다. 식품정책국장은 의정국장, 약정국장과 더불어 보건복지부의 3대 국장 자리 중 하나였다. 한방정책관은 신설되는 기구이고, 정식으로 조직을 갖춘 국장도 아니니 실제로는 3급으로 새로 승진하는 사람을 임명하는 것이 관례상 맞는 것이었다. 그러나 신출내기 3급을 임명하면 한의사회에서 자기들을 홀대한다고 생각하기 십상이었다. 상대방인 약정국장은 2급이기 때문에 한방정책관이 밀린다고 생각할 것이기 때문이다. 나는 약정국장과 맞상대를 할 수 있는 사람을 임명해야 한의사회를 설득할 수 있다고 판단했다.

송재성 식품정책국장을 불렀다. 그는 보건복지부에서 능력을 인정받는, 행정직으로서는 가장 고참 국장 중 하나였다. 장관이 따로 부르니 무슨 이야기를 하려나 기대에 차서 들어온 그에게 나는 '사정이 이러하니 한방정책관을 맡아주어야겠다'라고 말했다. 송 국장은 순간 어이가 없다는 듯한 표정이었다. 그 표정이 지금도 눈에 선하다. 그도 그럴 것이 보건복지부에서 가장 잘나가는 국장을 1급으로 승진은 못 시킬망정 실제로는 신참 3급에 해당하는 자리에 앉으라고 하니 기가 찰 노릇 아니겠는가? 나는 사정을 했다.

"지금 보건복지부의 가장 중요한 문제가 한약분쟁 해결입니다. 이건 국가적인 문제이니 누군가가 나서서 해결해야 해요. 지금 한의사회에서 정부를 불신해 대화를 거부하니, 한의사회를 설득하는 것이 가장 중요한 일입니다. 내가 두루 알아보니 한의사회에서 믿고 대화를 할 사람은 송 국장밖에 없다고 하더라고요. 그러니 나라를 위해서 희생해주시오."

송 국장은 눈을 감고 한참 있다가 입을 떼었다.

"두 가지만 약속해주십시오. 하나는 제가 쓰고 싶은 사람을 쓸 수 있도록 해주시고, 저에게 재량권을 주십시오."

"좋소!"

나는 기뻐서 바로 대답했다. 바로 내가 원하던 바였다.

송 국장을 한방정책관으로 임명함으로써 지난 3년간 사회적으로 가장 큰 불안 요소였던 한약분쟁을 해결하기 위한 실마리를 잡을 수 있었다. 한의사회 입장에서는 내가 보건복지부 최고의 공무원을 자기들을 대변하는 자리에 앉히는 것을 보고 나와 보건복지부의 의지를 신뢰하게

3장 나의 목민심서

된 것이다. 그 신뢰를 바탕으로 소통이 이루어질 수 있었다. 지금도 나는 송재성 국장에게 무한히 감사한다. 송 국장은 뒤에 차관까지 역임하고, 영동대학교 총장도 했다.

보건복지에 대해 아무런 지식도 경험도 없는 내가 장관직을 그런대로 수행할 수 있었던 것은 순전히 공무원들 덕이다. 이동모, 김문식, 전병률 국장 등이 큰 버팀목이 되어주었다. 엄영진 복지국장은 세계보건기구(WHO)에 나가 있는 사람을 불러들인 케이스다. 스위스 제네바의 WHO 본부에서 잘 근무하고 있는 사람을 불러들였으니 본인도 불편했으리라.

영국 웨일스대학교의 복지학 박사로서 보험·연금 전문가인 그는 두말없이 귀국한 뒤 열심히 일하면서 건강보험을 통합하고 국민연금기획단을 만들어 미래 사회를 준비하는 공직자로서 유감없이 능력을 발휘했다. 정충현 수행비서는 늦게 다니는 나를 아파트 문 안에까지 들여보내고 나서야 수원에 있는 자기 집에 갔다가 새벽에 다시 와서 나를 데리고 나갔다.

인사와 관련해서 또 생각나는 것이 있다. 총무과장은 장관의 모든 동선을 알고, 공무원 인사권도 쥔 자리여서 그 인선은 가장 중요한 인사 결정 사항이다. 서열이나 관계 등을 고려하면 강윤구 과장이 적절했다. 문제는 이 사람의 출신 지역이 호남이었다. 당시 보건복지부는 지역 대결이 강해서 많은 사람들이 호남 출신 총무과장을 앉히는 것을 꺼렸다. 나는 이 사람이 단지 호남 출신이기 때문에 뽑지 않으면 내가 지역 차별을 조장하는 셈이라고 판단했다. 인사를 강행했고, 그는 내 기대 이상으로 일을 공정하게 아주 잘했다. 나중에 차관도 하고, 청와대 수석도 한 인재다.

그 뒤 강 과장이 국장으로 승진한 다음 총무과장을 임명해야 했는데, 다음 인사 대상자도 호남 사람이었다. 그 사람은 술 먹으면 주사가 있다는 좋지 않은 평판도 있었다. 나는 고민했다. 그러나 똑같은 이유로 결심했다. 그 사람을 불렀다.

"내가 당신을 총무과장으로 임명하려는데 주변의 반대가 많습니다. 왜 그러는지 알지요?"

"네."

"잘할 수 있겠어요?"

"네."

그렇게 해서 이형주 과장을 임명했고, 그도 공정하게 일을 잘해주었다. 한의학연구원장을 지낸 이형주 과장은 총무과장 재임 시에는 술도

125

먹지 않았다.

내가 장관에 취임한 지 얼마 되지 않았을 때 산하 단체의 장들을 만난 자리에서였다. 그분들이 답답함을 호소해왔다.

"요새 공무원들이 통 만나주지를 않습니다. 만나야 애로 사항도 말하고 건의도 할 텐데, 도통 만나주지를 않으니 아무것도 못 하겠습니다."

김영삼 정부가 들어선 뒤 재산 공개를 비롯해서 공무원들에 대한 사정 분위기가 휘몰아쳤다. 그래서 공무원들이 아예 '일 안 하고, 안 다친다'는 분위기가 팽배했다. 소위 '복지부동'이라는 말이 유행하던 때다. 복지부동을 넘어서 '복지안동'이란 말까지 해학적으로 나돌았다. 그야말로 엎드린 채 눈알만 굴린다는 말이었다. 나는 월례 조회 시간에 '훈시'를 통해서 산하단체장들이 해준 이 이야기를 하면서 말했다.

"누가 여러분더러 사람들 만나지 말라고 했습니까? 먹지 말라고 했지! 사람을 만나지 않고 무슨 정책을 만듭니까? 관련된 사람들을 만나야 뭘 할지가 나올 거 아닙니까! 먹지 말라는 것도, 돈을 먹지 말라는 거지, 밥도 먹지 말라는 게 아닙니다. 밥도 안 먹고, 차도 안 마시고, 무슨 대화를 하겠습니까? 밥, 그 사람들에게 사라고 하세요, 공무원이 무슨 돈이 있겠어요. 다만 룸살롱이나 고급 요정 같은 데 가지 말고, 웬만한 데서 식사하면 될 것 아닙니까?"

공무원들을 대하는 내 자세와, 공무원들이 나를 대하는 태도와 관련해서 기억나는 일이 또 있다. 두 사람이 내 말을 거역했는데, 그것이 그렇게 대견스러울 수가 없었다.

하나는 공중보건의와 관련한 민원이 있어서 알아보라고 했더니 뜨뜻미지근한 반응을 보였다. 얼마 후 다시 물어보니 몇 시간 후 담당 과장이 들어와서 대놓고 "안 됩니다"라고 말했다. 각오를 하고 들어왔는지 얼굴도 상기되어 굳은 자세로 보고를 했다. 그 모습이 속으로 얼마나 대견하던지 나는 "알았어" 하고서 크게 웃었다. 그 사람은 바로 WHO의 메르스 공동조사단 한국 단장이던 서울대 의대 이종구 교수였다.

또 한 사람은 예산 관련 사항에 대한 나의 지시 사항에 대해 정면으로 안 된다고 대들었다. 역시 대견스러웠다. 당시 기획예산 담당관이었으며 결국 차관까지 지낸 문창진 차의과학대학교 부총장이다.

공무원들은 나를 믿고 따라주었다. 공무원들을 도둑놈 취급하지 않고 인격적으로 대해주면 무한한 에너지를 뿜어내면서 큰 능력을 발휘한다는 것을 깨우칠 수 있었다. 이것을 직감적으로 느낀 것이 행정 경험 없이 장관을 맡은 내게는 커다란 행운이었다. 나는 언제부턴가 공무원들에게 그런 말을 했다.

"당신들은 일을 하기로 마음만 먹는다면 길과 방법을 찾을 수 있잖

127

아요?!"

　장관이 시키는 일이 옳은 일이고 해야 할 일이라는 믿음만 주면 공무원들은 어떻게 하든지 그 길을 찾아갖고 왔다. 그들을 믿고 일을 맡긴다는 신뢰를 주는 것이 필수적이었다. 어차피 공무원들이 움직이지 않으면 장관은 아무것도 할 수 없으니 일을 믿고 맡기는 것이 최선의 상책일 수밖에 없었다. 나는 나대로 공무원들을 믿고 최선을 다했다. 예산과 인사, 제도 개혁을 위해서 예산실, 재경부, 내무부, 총무처, 법제처의 장·차관들은 물론 담당 과장·계장까지 찾아가 꾸벅 인사하면서 부탁했다. 우리 보건복지부 직원들이 감동했고, 자신감도 생겼다.

　나는 한국의 공무원들이 국민들로부터 억울하게 저평가를 받는 것을 안타깝게 여긴다. 공무원들의 능력을 발휘하게 하는 원천은 긍지와 사명감임을 깨달았기 때문이다. 장관과 대통령이 해야 할 일은 이것을 불러일으켜 주는 것이다. 공무원들이 신명나게 일해야 국민들이 편안하고 나라가 바로 선다는 단순한 진리를 체감한 경험이었다.

　장관의 청렴성도 공무원들의 신임을 얻는 데 중요한 역할을 했다. 한번은 집에 들어가보니 아내가 식식거리며 흥분해 있었다. 국장을 지내고 산하기관으로 가 있는 사람이 다녀갔는데, 케이크와 함께 봉투도 같이 내놓더라는 것이다. 직감적으로 돈이라고 생각되어서 돌려주었다면서 얼굴이 붉으락푸르락했다. 나도 모욕감을 참을 수 없었다. 사람을 어떻게 보고 이런 짓거린가?

나는 다음 날 간부회의에서 그 사람을 파면시키라고 외쳤다. 그런데 간부들의 표정이 기묘하리만치 무덤덤했다. 그러고는 시간이 지나도 그 사람에 대한 인사 조치를 안 하고 질질 끌었다. 그 정도로 파면을 시키는 것은 너무하지 않느냐는 분위기였다. 그 뒤로 몇 번씩 말해도 조치는 이루어지지 않았다. 장관이 암만 지시를 해도 실무자들이 움직이지 않으면 아무것도 안 된다는 것을 그때 깨달았다. 내가 계속 화를 내고 채근하니까 겨우 보직 강등을 시켜 외곽기관으로 내보낸 게 전부였다. 솔직히 그때 그 분위기는 지금도 이해할 수 없다.

외국 출장을 갈 때였다. 주요 산하단체장들이 식사 대접을 하겠다고 해서 나갔다. 일류 호텔에서 근사하게 대접을 받고 대화도 나누고 나오려는데 봉투를 내놓았다. 해외에 나가시는데 용채로 쓰라는 것이었는데 꽤 두툼했다. 나는 출장비가 있어서 필요 없다고 사양했더니 그 사람들은 으레 한 번쯤 사양하나 보다 생각했는지 주머니에 넣어주려고 했다. 내가 정색하고 나왔더니 그 사람들이 머쓱해하면서 이상한 사람 다 본다고 생각하는 듯했다.

공무원 사회와 주변 기관 단체들은 소문과 정보가 빠르다. 그 뒤로는 다른 단체에서도 돈을 가져오는 일이 없었다. 나에 대한 공무원들의 신뢰 분위기가 이로써 더 커져가는 것을 실감할 수 있었다. 보건복지부의 업무가 정치인에게는 리스크가 큰 자리라는 부담을 가지고는 있었지만, 실상 장관을 지내면서 한 것보다는 배운 것이 훨씬 더 많았다. 무엇보다 앞으로 어떤 자세로 살아가야 하는지를 깨달을 수 있었던 시간이었다.

나는 장관을 지낸 지 20여 년이 지난 지금도 보건복지부 직원들이 나를 '같이 일하고 싶은 장관' 중 으뜸으로 친다는 데 무한한 고마움과 긍지를 느낀다. 실제로는 그런 능력도 자질도 갖추지 못한 사람이라서 송구스럽기만 하다.

토담집에서 다산의 『목민심서』를 틈날 때마다 읽었다. 『목민심서』는 목민관으로 부임한 후부터 해관까지 목민관의 자세와 해야 할 일, 하지 말아야 할 일을 아주 구체적으로 자세히 제시한 책이다. 백성을 다스리기 전에 먼저 스스로부터 마음과 행동을 닦아야 한다는 다산의 사상이 쉽게 읽혔다. 놀라우리만치 치밀했다. 청렴함이 목민관의 시작이요 끝이며, 백성이 모든 업무의 기준이라는 걸 담은 책이기도 했다.

『목민심서』는 사실 21세기를 살아가는 관리들과 정치인들의 교과서로도 손색이 없다. 『목민심서』를 읽을 때마다 나의 국회의원, 장관, 도지사 시절을 다산의 눈으로 되돌아봤다. 자부심과 부끄러움을 동시에 느꼈다. 이제 다시 내가 목민관이 된다면 국민들을 정말로 편안하게 해드릴 수 있다는 생각이 들었다. 나의『목민심서』를 쓰고 싶어졌다.

준비하면
열린다

4장

1. 열정시대

만족하십니까?

내가 살고 있는 토담집, 이름하여 만덕산방. 만덕을 쌓아야 만덕산을 내려갈 수 있나? 다산은 18년간 유배 생활을 했다. 나는 이제 겨우 두 해째다. 내 강진살이를 '셀프유배'라고 이야기하는 사람들도 있다고 들었다. 마키아벨리가 생각났다. 덕(virtu)과 운(fortuna)의 관계로 정치인의 성패를 설명했던가. 덕을 쌓아 준비를 했는데, 운이 찾아오지 않는 경우 어쩔 수 없이 불행하다.

준비가 안 된 사람에게 느닷없이 기회가 찾아오면 최악의 불행한 일이 발생할 수밖에 없다. 준비도 안 되고 운도 따르지 않는다면 안타깝지만 어쩌랴. 물론 준비가 된 후에 기회가 오고 운도 따라준다면 그 정치인은 성공할 수밖에 없고, 국민들은 행복할 수밖에 없겠지. 나의 도지사 시절이 그랬다.

"나는 원도 한도 없이 경기도지사를 했습니다."

경기도지사를 마치고 언론과 인터뷰할 때 한 첫마디였다. 언론이 내 말을 받아주건 안 받아주건 그건 별문제가 아니었고, 실제로 내 마음이 그랬다. 열심히 했고, 재미있게 했다. 신명을 바쳐 일했다. 세계를 일곱 바퀴 반이나 돌았다. 도지사가 된 후에 내건 도정 지표가 '세계 속의 경기도'였다. 그리고 경기도가 대한민국을 세계로 이끈다는 자부심을 갖고 세계를 누볐다. 도지사 선거 때 내건 '경기도를 땀으로 적신다'는 구호를 몸으로 실천했다. 도지사가 끝났을 때 내 몸은 경기도와 세계를 휘젓고 다니면서 밴 땀으로 흥건히 젖어 있었다.

LG필립스LCD가 7세대 LCD 공장을 짓는데 중국과 대만, 그리고 경기도 북부 지역을 놓고 검토하고 있다는 보고가 들어왔다. 네덜란드 기업인 필립스는 한국에 추가 투자를 할 경우 LCD 산업의 주도권이 완전히 LG로 넘어갈 것을 염려하여 대만을 선호하고 있었다. 지금은 LG디스플레이가 되어 LG가 100퍼센트 소유하고 있지만, 그때만 해도 LG와 필립스가 각각 50퍼센트씩 소유하고 있던 합작회사였다.

나의 목민심서
강진일기

"헬리콥터 띄워!"

나는 LG필립스LCD 사장단을 경기도 소속 헬기에 태워서 파주 지역을 볼 수 있게 하라고 지시했다. 외자 유치 역사상 처음 있는 일이었다. 헬리콥터가 뜬 날 안개가 끼었는데, 서양에서는 무슨 일을 결정할 때 안개가 끼면 운수가 좋다는 말이 있다고 한다. LG필립스의 CFO(회계책임자)인 위라하디락사 부사장이 특히 좋아했다는 말을 전해 들었다. 이 투어가 끝난 후 구본준 사장과 위라하디락사 부사장은 100억 달러에 달하는 투자를 파주 월롱에 하기로 최종 결정했다.

LG필립스파주단지는 여러 기록을 남겼다. 처음에는 5년 안에 준공할 수 있도록 해달라고 했다가, 경기도에서 사업을 빨리 진행하는 것을 보더니 4년으로 줄여달라고 했고, 곧 3년 반으로 단축해줄 것을 요구했다. IT 산업이라는 게 시간 싸움이다 보니 그럴 수밖에 없다고 판단한 나는 모든 행정 지원을 해주도록 했다.

LCD산업단지가 들어오는 50만 평에 달하는 파주 월롱 지역에는 군부대가 주둔하고 있었고, 묘지도 600기나 있었다. 우선 군부대부터 해결해야 했다. 합참의 최고위층 지휘관은 물론, 군단장과 사단장뿐 아니라 연대·대대급 지휘관들도 만나서 설득했다. 군부대를 찾아가 영내 식당에서 지휘관들과 폭탄주도 꽤 했다. 결국 지휘관들이 경기도와 우리

135

나라의 경제 발전을 위한 결정에 동의해주면서 부대를 옮겼다. 모든 비용은 경기도에서 지불했다.

그다음으로 큰 문제는 묘를 이장하는 문제였다. 600기에 달하는 묘지마다 개별적으로 담당자를 두어서 집집마다 찾아다니며 설득했다. 환갑날, 제삿날, 잔칫날을 알아내어 가족들이 모이는 날 찾아가는 일도 많았다. 그렇게 해서 그해 겨울까지 묘지를 전부 이장할 수 있었다.

다 잘되어가던 일이 문화재 지표 조사를 하면서 문제가 발생했다. 무려 5,000평이나 되는 면적이 문화재 발굴 조사 대상지가 된 것이었다. 마침 겨울이 다가와서 땅이 녹을 때까지 기다리려면 적어도 6개월은 지연될 터였다. 막막했다. 산업단지 개발을 담당하는 경기지방공사 오국환 사장에게 방법이 없겠느냐고 물었다.

"한 가지 방법이 있긴 한데요."

그는 선뜻 말하지 못하고 머뭇거렸다.

"무슨 방법인데요?"

내가 다급하게 물었다.

"대형 비닐하우스 텐트를 치고 온풍기를 돌려서 땅이 얼지 않게 하는 방법이 있기는 한데…."

"그런데 뭐가 또 문제란 말입니까?"

"돈이 많이 듭니다."

"얼마나 듭니까?"

"10억도 더 들 겁니다."

"합시다."

이렇게 해서 대형 비닐하우스 텐트를 여러 개 치고 기름을 때는 온풍기를 돌려서 한겨울에 문화재 발굴 조사를 마칠 수 있었다.

그렇게 나는 파주 LCD산업단지 조성을 위해서 전심전력을 기울였다. 현지를 헬리콥터로 돌아보기도 여러 차례이고, 산업통상자원부 실장을 비롯해서 관련 행정 각부의 책임자들과 도로공사, 한전, 수자원공사, 가스공사 등 관계 기관의 실무책임자들을 불러 내가 직접 현장에서 회의를 주재했다. 이렇게 상황을 점검하면서 협조를 구하고 갈등을 조정해서 문제를 곧바로 그 자리에서 해결했다. 이러니 공사가 효율적으로 빠르게 진척될 수밖에 없었다. 회의가 끝나면 임진강 나루터에 가서 폭탄주로 이들의 노고를 위로하는 것도 잊지 않았다.

산 너머 산, 수많은 문제들을 해결하니, 마지막 험한 산이 가로막고 있었다. 중앙정부의 규제였다. 수도권 집중을 방지하고 지방 분산을 통한 지역 균형을 추구하는 노무현 정부의 기본 입장 때문에 정부는 협력

4장 준비하면 열린다

단지 조성에 기본적으로 반대했다. 이미 수십 차례 건설부장관이며 관계 기관을 찾아다니면서 경기도의 LCD 공장 유치 사업에 대해 열심히 설명한 후였고, 마지막으로 국무총리가 주재하는 합동회의가 열렸다. 나는 최종적인 승인 절차라고 생각하고서 회의에 참석했다. 그런데 막상 회의가 진행되면서 중앙정부는 이 사업을 승인하지 않는 방침을 갖고 나온 것이 드러났다.

"… 지역 균형 발전을 위한 규제를 할 때 해야지, 이런 경우에 산업 입지를 막으면 우리 첨단산업의 갈 길은 어디며, 일자리는 어디서 만들 겁니까?"

나는 그렇게 큰소리를 치고서 회의장을 박차고 나왔다. 지방자치단체와 중앙부가 정면충돌한 것이다. 결국 이 문제는 나중에 해결되어 협력단지가 건설되었지만, 이 일로 나는 노무현 정부로부터 미운털이 단단히 박히게 되었다.

"손 지사님, 이제 만족하십니까?"

LG필립스LCD 파주단지 준공식에서 노무현 대통령이 치사를 낭독하기에 앞서 나를 보면서 원고에 없는 인사말을 했다. 이런 배경에서 나온 인사였다. 나는 자리에서 벌떡 일어나 90도로 허리를 굽히면서 감사하다고 화답했다.

나의 목민심서
강진일기

현장으로 가라

다산은 고위 공직자였던 후배에게 이런 말을 했다.

"… 상관이 나를 언제나 휙 날아가 버릴 새처럼 생각한다면, 내가 요구하는 것을 감히 들어주지 않을 수 없으며, 나에게 무례함을 저지르지 못할 것이다. … 구슬을 품은 자가 힘센 사람을 만난 것처럼 여기며 오로지 빼앗길까 두려워한다면, 오히려 그 지위를 보전하기가 더 어려울 것이다."

능력을 인정받아 고위 공직자의 지위에 올랐다면 백성들을 위해 최선을 다하여 일해야 하고, 윗사람 눈에 거슬릴 때 언제라도 헌신짝 버리듯 자리를 박차고 나올 만한 용기가 없으면 공직에 나서지 말라는 게 다산의 충고였다. 자리에 연연했다면 LCD 파주 산업단지 유치에 혼신의 힘을 기울이지 않았을 것이고, 국무총리가 주재하는 합동회의장을 박차고 나오는 일도 없었을 것이다. 밤하늘 토담집 주변을 밝히는 수백 마리 반딧불이의 군무를 보면서 LCD디스플레이들을 보는 듯해 갑자기 10년도 훨씬 지난 일들을 생각하며 미소 지었다.

계절이 서서히 여름으로 바뀌어가던 무렵, 청주대 손광현 교수가 친구인 홍성훈 회장을 데리고 서울에서 내려왔다. 홍 회장은 철강과 중장비 등을 무역하는 사업가다.

"요즘 무척 어렵습니다. 우리 주요 무역 상대국이 중앙아시아의 나라들인데, 우즈베키스탄이나 카자흐스탄에서는 중국 제품과 가격 경쟁이 힘들어 좀 더 오지로 들어갈까 고민 중입니다."

우리나라의 중소기업 상황을 '9988'이라 한다. 기업의 99퍼센트가 중소기업이고, 전체 근로자들의 88퍼센트가 중소기업에서 일한다는 의미다. 내가 도지사 시절에 중점을 둔 것도 중소기업 지원 사업이었다. 중소기업지원센터와 신용보증재단을 활발하게 움직여 현장 중심으로 일하게 했다. 나 자신부터 중소기업 현장을 자주 방문했고, 문제가 생기거나 민원이 발생하면 담당 공무원들이 현장을 직접 방문해 경청하도록 독려했다.

민원 중에 가장 많으면서 어려운 일이 그린벨트 내에 있는 무허가 공장이었다. 나는 그린벨트에 있는 무허가 공장이라도 지원해줄 수 있으면 적극 도와주라는 입장이었다. 나의 도지사 일정은 첨단산업체와 중소기업 방문이 반이 넘을 정도였다. 하루는 집에 들어갔더니 아내가 '무허가 지역에 있는 공장 앞길을 땅 주인이 막아버려서 공장 진입에 문제가 생겼다'는 뉴스를 보았다고 한다. 다음 날 회의에서 물어보니 담당 국

나의 목민심서
깅진일기

장도 모르는 일이었다.

당장 공무원들을 현장에 파견했고, 나도 그 공장에 갔다. 화성시 팔탄면이었다. 막무가내인 땅 주인을 설득하지 못해 결국 인근의 땅을 경기도가 매입함으로써 진입로 문제를 해결해주었다. 중소기업을 위해 경제적 지원은 물론이고, 도로를 내주고 전기, 가스, 상·하수도 문제를 해결해주는 것도 도의 가장 흔한 일이 되었다. 이런 일들이 많아지니 도의 분위기도 확 달라졌다.

어느 날 아침 간부회의 때 한석규 경제투자관리실장이 보고했다.

"어제 OO지역에 있는 공장들을 방문했는데요, 길을 내달라고 해서 내주겠다고 했습니다."

"니가 도지사냐? 니 맘대로 내준다고 말하게!"

나는 대견한 마음이 들어 웃으면서 말했다.

"어차피 지사님이 해주라고 하실 건데요, 뭐."

경기도 공무원이 지사의 행정 철학과 방침을 몸으로 터득해서 자율적으로 결정하고 시행할 수 있는 분위기가 되었다는 것이 나에게는 더할 나위 없이 자랑스러웠다.

투자 유치는 외국 회사 사장들과 교섭을 잘해서만 되는 것은 아니다.

국내에서 조건을 잘 맞춰주어야 한다. 아무리 투자를 유치해와도 규제 때문에 공장 입지가 풀리지 않는다든지, 도로를 낼 수 없다든지, 중앙정부가 허가해주지 않는다든지 하면 실제 투자로 이어지지 않는다. 우리에게도 그런 어려움이 있었다. 어떤 것은 자체적으로 해결하고, 어떤 것은 싸워서 풀고, 또 어떤 것은 양보하거나 포기해야 했다. 언젠가부터 경기도청에서는 밖에서 투자를 유치해오는 사람들을 '찍새'라고 하고, 안에서 이를 뒷바라지하는 사람들을 '딱새'라고 했다.

델파이는 GM의 협력사로 세계적인 자동차 부품 회사다. 델파이에서 한국에 연구·개발(R&D) 센터를 짓겠다고 해서 MOU를 체결했는데, 도로공사에서 진입로를 내줄 수 없다고 했다. 진입로의 땅이 국유지니까 땅을 사서 도로를 내라는 것이었다. 델파이에서는 도로 문제가 해결되지 않으면 투자 계획을 취소하겠다고 으름장을 놓았다.

내가 나서서 경기도 예산으로 땅을 사서 도로를 내주었다. 델파이에서는 경기도의 열성과 적극적인 자세에 감복해서 준공식에 델파이 세계 회장이 자가용 비행기를 타고 와서 참석했다. 델파이 회장은 미국 대통령 경제자문위원회 국제분과위원장으로 있는 미국 경제계의 거물로, 그 후 내가 델파이를 방문했을 때 직접 나와서 전시용 경주차를 태워주기도 했다.

경기도의 외자 유치는 거의 100퍼센트 제조업 생산 시설이나 R&D 시설이었고, 이들은 모두 첨단산업이거나 첨단기술을 연구·개발하는 시설이었다. 나는 우리가 살 길은 첨단산업으로 가는 것이고, 이를 위한 기술 개발이라고 굳게 믿고 있었다. 그래서 첨단산업의 유치는 물론 R&D 시설 설립·유치에도 힘썼고, 이를 위한 연구 시설과 교육 인프라 확충을 위해서도 노력했다. 우여곡절 끝에 나노 연구소도 설립했고, 바이오 산업계 인사들과의 간담회에서 나온 건의를 받아서 바이오 센터도 건립했다.

과학기술진흥 사업 중에서도 서울대학교 융합기술연구원과 관련 대학원 설립에도 경기도가 나섰다. 정부의 이해 부족과 서울대학교의 재원 부족 문제를 경기도가 나서서 해결해준 것이다. 땅을 내놓고, 건물을 지어주고, 기재를 들여놓고, 5년간의 운영비 일체를 부담하기로 했다. 이렇게 해서 경기도 수원 광교에 서울대학교 융합과학기술원과 융합과학기술대학원이 설립되었다. 안철수 의원이 정치권에 들어오기 직전에 원장으로 있었던 기관이다.

첨단산업 유치와 관련해서 판교테크노밸리 건설을 빼놓을 수 없다. 판교테크노밸리 건설은 내가 경기도지사 당선자 시절부터 건설교통부

143

와 싸우면서 진행한, 재임 기간 중에 모든 계획을 세부적으로 세우고 기공식까지 마친 시설이다. 건설부에서는 분당의 요지인 이곳을 어떻게 해서든지 주택단지로 바꿀 요량으로 갖은 일을 다했지만, 나는 경기도지사 재임 기간 내내 특별한 관심을 갖고 드디어 역사적인 '작품'이라 할 수 있는 벤처단지를 만들었다.

마침 최형남이라는 고등학교 동창이 벤처단지 계획에 관한 특별한 열정과 노하우를 갖고 있어서, 그를 통해 특별위원회를 구성한 뒤 20만 평 단지를 친환경단지로 조성해 수도권 최고의 첨단기술 및 일자리의 보고로 만들었다. 지금 거기에는 1,120개 기업이 8만여 명의 일자리를 창출하고 있으며, 연 매출은 70조 원에 달한다. 최근에는 정부에서 똑같은 크기의 벤처단지를 인근에 만들겠다는 계획을 발표하기도 했다. 나는 지금도 판교테크노밸리 앞을 지나갈 때마다 아름다운 첨단기업 건물들을 바라보며 한없는 보람을 느낀다.

경기도의 경제 정책이 중소기업 활성화에 치중했지만 대기업이라고 소홀히 하지 않았다. 하루는 화성시에 있는 현대자동차의 남양기술연구소를 방문했는데, 정문으로 들어오는 진입로가 좁아서 5분이면 들어올 수 있는 길이 매일 아침 40~50분씩 지체된다는 민원을 들었다. 연구소문을 나서는 대로 양인권 건설국장에게 전화했다.

"현대차 연구소의 고급 인력 6,000~7,000명의 출근이 이렇게 늦어지면 그만큼 국가적 손실이 아니겠습니까. 후문 쪽으로 도로를 내주면 좋을 거 같은데요."

현장을 다녀온 건설국장은 화성시에 장기적인 도로 계획은 있지만 실시 계획은 없다고 보고를 했다.

"만약 도로를 닦으면 얼마나 걸립니까?"

"3년은 걸릴 겁니다."

"빨리하면?"

"돈만 주시면 1년이면 됩니다."

나는 양인권 국장에게 1년 안에 공사를 끝내도록 지시하면서 '준공식 날짜는 2004년 10월 21일'이라고 수첩에 적도록 지시했고, 내 수첩에도 그렇게 적었다. 나는 중간중간 점검했다. 정성을 들인 덕이겠지만 10월 12일에 준공식을 가졌다.

삼성과 관련해서도 한 가지 에피소드가 있다. 하루는 경제투자실장이 삼성전자에서 경기도 건설 본부 부지를 달라고 한다면서 약간 코웃음 치는 듯한 뉘앙스로 보고했다. 수원시 삼성전자 옆에 건설 본부가 들어 있는 1만 평을 경기도가 갖고 있었는데, 삼성에서 그 땅을 달라고 한다는 말이었다. 나는 삼성 측에서 무슨 용도로 쓰려는 거냐고 물었고, 경제투자실장은 R&D 시설로 쓰려고 한다더라고 대답했다.

"왜 꼭 거기다 해야 한답니까?"

"연구 시설이 서로 연관되기 때문에 가까이 있는 것이 좋지요."

"거기 말고 다른 땅은 없습니까?"

"네, 그 지역에 더 구입할 만한 땅이 없습니다."

"우리는 그 땅 필요 없고?"

"예, 저희는 꼭 필요한 건 아닙니다. 그전에는 도가 건설 장비를 갖고 직접 운영했기 때문에 건설 장비를 거치하는 데 필요했지만, 지금은 도에서 직접 건설 사업을 하지 않아서 장비가 없습니다."

"우리 건설 본부 사무실이 거기 있잖소. 그 땅을 내주면 건설 본부는 어디로 가야 하지요?"

"뭐, 갈 데야 얼마든지 많지요."

"공짜로 달라는 거요?"

"공짜는요. 시세대로 쳐서 땅값을 내지요."

경제투자실장이 펄쩍 뛰면서 대답했다.

"그래? 그러면 주면 되겠네요."

"네? 뭐라고요? 지사님, 특혜 시비는 어쩌시려구요?"

"특혜? 특혜는 무슨 특혜, 먹지만 않으면 될 거 아녜요?"

"아니, 그래도….."

경제투자실장이 머뭇거렸다.

"삼성이 연구 시설을 확장하기 위해 우리 땅을 필요로 한다, 삼성전자는 우리나라의 핵심적인 산업체다, 경기도는 그 땅이 없어도 된다, 삼성은 제값을 쳐준단다, 자, 그러면 주면 될 것 아닙니까! 특혜 시비에 몸이나 사리면서 무슨 기업을 지원한다고 해요? 공무원들이 소신을 갖고 일해야 할 거 아닙니까?"

이렇게 해서 경기도 건설 본부 땅은 삼성에 넘어갔고, 삼성전자는 그 자리에 연구소를 세웠다.

다산은 모든 국민들이 청렴결백해야 부패와 비리가 근절될 수 있다고 말했다. 그래야 비로소 요순의 시대를 맞이할 수 있을 것이라는 게 『목민심서』에 밝힌 다산의 뜻이었다. 다산은 특히 누구보다 공직자가 청렴해야 비로소 요순의 시대를 맞이할 수 있을 것이라고 보았다. 그런 의미에서만 보자면 내가 도지사로 일하던 당시의 경기도 도청 공직자들은 요순의 시대를 맞이하기에 충분한 자질을 갖춘 사람들이었다.

나는 지금 어디에 있는가?

다산 저서의 대부분은 그 자술 목적이 나라를 걱정하고 백성들을 사랑하는 마음에서부터 출발했다. 다산의 저서 『경세유표』의 서문을 보자.

탐학질하는 풍습이 대대적으로 일어나 백성들이 초췌해졌다. 가만히 생각하면 털끝 하나 병들지 않은 것이 없으니, 지금 당장 개혁하지 않으면 나라는 반드시 망하고 말 텐데, 이런데도 어떻게 충신이나 지사로서 팔짱만 끼고 방관할 수 있겠는가.

다산은 국가와 나라에 대한 걱정으로 잠을 못 이루는 날이 많았다고 한다. 지금은 탐학질은 아니지만 그에 못지않은 부패한 관료들이 댐에 금이 가 터지듯 하루가 멀다 하고 쏟아져 나오고 있다. 그자들은 나라와 국민들 따윈 안중에도 없는 인간들이다. 이미 많은 걸 가진 자들이 더 빼앗지 못해 안달하는 것이다. 그런 '공직자들'이 매일 뉴스의 헤드라인을 장식한다. 그래도 국민들은 결국엔 제 식구들 감쌀 거라고, 저러다 말거라고 생각한다. 왜 이런 불신의 늪이 깊어졌을까?

실학사상을 흔히 실사구시, 경세치용, 이용후생으로 표현한다. 이들

나의 목민심서
강진일기

을 현대적으로 재정리하면 '민생을 최우선의 가치로 놓고, 어떠한 이데올로기에 따른 선입견도 배제한 채 가장 과학적인 방식으로 민생을 돌보는 방법을 찾는 것'이다.

메르스가 확산되면서 나라가 뒤숭숭했다. 물론 국민 안전에 대해서 국가는 무한 책임을 져야 한다. 국민 안전이 모든 국정의 우선 과제인 것이다. 국민 안전에 관한 사안에서 국정의 최고 책임자는 가장 빠른 시간 내에 현장에 있어야 한다. 그것이 생명의 정치다. 메르스도 문제였지만, 호남 지방에서는 가뭄도 심각했다. 가뭄에 대비한 치수 정책도 한계에 부딪히면 어떤 정치지도자도 별다른 방도를 내놓을 수는 없다. 그러나 정치지도자라면 이럴 때 현장에 와서 지역 주민들과 함께 고민하고, 고통을 들어주고, 위로해주고, 격려해주어야 한다.

보성군 예당중학교의 박종혁 교장 선생님 정년퇴임식에 갔다. 내 오랜 친구인 임도빈 회장의 사돈 되시는 분이다. 지역 사회의 많은 분들이 와서 축하해주었다. 박 교장이 학생들에게 사랑을 베풀면서 지역 사회에 많은 공헌을 한 분이라는 것을 피부로 느낄 수 있었다. 그런데 지방의 피폐화가 이 학교에서도 그대로 보였다. 한때 1,000명에 달했던 학생 수가 이제 겨우 68명이라고 한다. 교사 수는 아홉 명, 교사 한 명이 전 학년을 가르쳤다. 고등학교의 학생은 200여 명인데, 그중 이 지역 학생은 20퍼센트에 불과했다. 나머지는 광주시나 목포시 등 전라남도의 전 지역에서 '유치'해온다고 했다. 심지어 전라북도에서도 데려온다고 한다.

이사장의 말을 들으며 나도 씁쓸했다. 지역 사회의 발전과 학교는 뗄 수 없는 관계다. 그래서 지역의 학교를 어떻게 발전시킬 수 있을까 하는 과제는 범국가적 주요 과제이기도 하다. 국가의 근본을 다지는 일과 같기 때문이다.

내가 도지사가 되어서 하고 싶었던 일 중 하나는 학교를 지역 사회의 중심으로 복원하는 것이었다. 요즘은 농촌의 인구가 줄고 아이들이 없어져 폐교가 많이 생긴다. 학교가 없어지면 마을도 없어진다. 마을을 살리려면 학교를 살려야만 한다. 지역에서 고등학교를 나와도 대학에 제대로 가지 못하면 사람들이 자꾸 대도시로 이사를 하기 마련이다. 그러면 농촌 지역은 점점 더 피폐해질 수밖에 없다. 그러니 지역 사회를 살리려면 학교를 살려야 한다는 말이었다.

학교를 살리는데 경기도 행정이 제 몫을 해야 한다는 생각으로 교육 지원 사업을 시행했다. '좋은 학교 만들기' 프로그램을 만들어 시·군 별로 한 개의 학교를 선발해 집중적으로 지원하기로 했다. 교육청에서는 지역 내 다른 학교들과의 관계도 고려하여 '거점 학교 육성 프로그램'으로 명칭을 바꾸고 기숙사 등 시설 개선, 교육기자재 지원, 교사 복지 지원, 원어민 교사 지원 같은 사업을 했다.

이 프로그램의 효과인지 가평고등학교는 이 사업 시행 이듬해에 개교 이래 최초의 서울대학교 입학생을 냈고, 그다음 해에도 서울대 신입생을 냈다. 지역 주민들은 자기 지역의 명문 학교가 되살아나는 것에서 커다란 보람을 느꼈고, 아이들 교육 때문에 서울로 이사 가는 집이 줄어들었다. 이와 더불어 지역 특수목적고등학교 신설로 수도권과의 교육 격차도 줄이고 지방의 명문 고등학교도 육성했다. 어려운 학생들을 위한 대안학교도 내 관심 사항이었다.

"보시고 절대로 놀라지 마십시오."

경기도지사 시절에 부천의 대안학교인 진영정보고등학교를 찾아갔을 때 이경영 교장이 나를 어떤 교실로 안내하며 이렇게 말했다. 교실에 가보니 남녀 아이들이 책상 위에 걸터앉아서 우리를 힐끗 쳐다보는데, 그 아이들의 옷차림이나 화장한 얼굴들을 보고 놀랐다. 입술을 빨갛게 칠하고 머리는 온통 빨강, 파랑, 초록 등 갖가지 색으로 물들였다. 짧은 스커트에 다리를 꼬고 담배를 피우는 여학생도 있었다. 교장 선생님에게 인사하는 아이도 있었지만, 대부분은 지나가는 강아지 쳐다보듯 했다.

"우리 학교에서는 저런 아이들에게 담배 피우는 것을 허용하고, 복장이나 화장에 대해서도 전혀 제재를 가하지 않습니다."

교장 선생님은 담담하게 말했다.

"저 아이들은 학교에서 퇴학을 당하고, 대부분은 소년원까지 갔다 왔어요. 저 아이들을 이 학교에서 쫓아내면 어디로 가겠습니까? 갈 곳은 다시 범죄 소굴밖에 없거든요. 저렇게 해서라도 학교에 나오면 점차 학교에 정을 붙이기도 하고, 공부를 조금씩 하는 아이들도 생깁니다. 그렇게 하다 보면 하나둘 건질 수 있지요."

"아이들이 얼마나 나아지나요?"

"학교에 들어오기만 하면 그래도 60~70퍼센트의 아이들은 학생의 길을 되찾습니다. 이 아이들 중에서 반장도 나오고 부반장도 나오잖아요? 이 아이들 중에서 1등도 나오고 2등도 나오잖아요? 얘들이 언제 그런 걸 해봤겠습니까? 거기서 아이들이 보람을 찾고, 공부를 하고, 행동도 바르게 되지요."

참으로 감동적인 말씀이었다. 나는 20여 년 전에 재건학교로 시작했다는 이 학교에 체육관을 지어주고, 교사 확장 사업도 지원해주었다. 재미있는 것은 이런 '문제학생'들을 가르치는 선생님들이 모두 유순하고 평범한 남녀 선생님들이라는 것이다. 이런 아이들을 다루려면 덩치도 크고, 완력도 세고, 무술이라도 하는 선생님들이어야 하지 않을까 싶

나의 목민심서
강진일기

었는데 말이다. '문제학생'들에 대한 교화는 완력으로 하는 것이 아니라 배려와 사랑으로 하는 것임을 다시금 일깨워주었다.

강진에 봄이 완연해진 어느 날, '다산 180주기 기념식'이 열리는 남양주로 향했다. 제사를 주재하는 초헌관도 하고 강연도 하기 위해서였다. 내가 경기도지사로 있을 때 이곳에 실학박물관도 짓도록 했다. 실학박물관을 제대로 만들어서 국민들, 특히 학생들이 많이 와서 실학의 정신을 배우고, 실제로 실학의 업적을 체험할 수 있도록 하자는 생각이었다. 이런 일을 통해서 실학을 국민정신으로 승화시키고, 실학사상으로 세상을 일깨우자고 마음먹었다.

한 사람이 스스로 황제가 된 다음에는 자기 욕심대로 법을 만들어 도지사에게 내려주고, 도지사는 군수에게, 군수는 면장에게, 면장은 이장에게 내려주니, 법이라는 것이 모두 임금은 높고 백성은 낮으며, 아랫사람의 소유를 긁어다가 윗사람에 붙여주는 격이 되어 백성들이 통치자를 위해서 생겨난 꼴이 된다.

다산이 쓴 이 글 「원목(原牧)」을 보면서 현재의 우리 정치를 다산이 직접 평가한 것 같다고 느꼈다. 어쩌면 다산은 그의 사후 200년 뒤의 한국 사회를 내다보고 있었는지도 모르겠다. 위정자들의 행태는 그때나 지금이나 별반 다르지 않다. 그런 다산이니 내 철학의 스승으로, 나아가 우리 국민들에게 삶의 길을 알려주는 큰 스승으로 모실 수밖에 없지 않겠는가.

2. 순수한 원칙

원칙은 지킨다

정부가 개성공단을 폐쇄하기로 결정했다. 북측에서는 남측 사람들에게 추방명령을 내렸다. 남과 북이 극한 대결로 나가고 있다. 이 사태가 어디까지 갈 것인가? 착잡한 마음으로 점심 공양을 하고 나서 신발을 신으려는데 한 사람이 다가왔다.

"대표님, 저 김영호입니다."

모를 리가 없었다. 도지사 시절에 남북 벼농사 사업을 같이 했던 경기도 농업기술원장이었다. 나는 김영호 씨와 육화당으로 건너가 차를 마시며 지난 일들에 대해 이야기했다. 북한과의 관계가 꽁꽁 얼어붙은 상황이다 보니 북한과 농업 지도 사업을 벌일 때가 더없이 그리웠다.

"대표님, 인사 받으십시오."

김영호 씨가 느닷없이 방바닥에 엎드리며 큰절을 했다. 나도 황급히 맞절을 했다. 그 잠깐 사이에 김영호 씨의 눈이 벌게졌다. 그가 이내 눈물을 닦았다. 자리를 잡고 마주 앉아 차 한 잔을 나눈 후에 우리는 주로 북한 벼농사 사업 이야기를 했다. 10년이 더 지난 일이었지만 마치 어제 일인 듯했다.

"그때 우리 정말 신나게 일했습니다."

김영호 씨의 말대로 나 역시 신나게 일했다. 지금까지 그때의 일이 이어졌다면 우리와 북한의 관계가 훨씬 개선되지 않았을까?

대(對)북한 협력 사업의 백미는 벼농사 협력 사업이었다. 북한의 식량난은 뿌리 깊어서 그때그때 구호미를 보내준다고 해결될 것은 아니었다. 우리는 북한의 식량난을 근본적으로 해결해줄 방향을 모색했고, 그 방법이 북한의 벼농사를 지원해주는 계획이었다. 김덕영 농정국장이 지휘하고, 경기도 농업기술센터가 중심이 되어 북한 토양에 맞는 볍씨를 준비하고, 일체의 장비와 비료, 농약을 보내주며, 우리 농업기술자를 북한에 파견하여 파종에서부터 수확까지 기술 지도를 하고 영농을 지원하였다.

결과는 대박이었다. 우리가 지원한 벼농사의 수확량이 북한의 평소 수확량의 2배 이상에 달한 것이다. 북한은 놀라고 반가워서 지원을 대폭 늘려달라고 요청했다. 애당초 우리는 첫해에 시험 재배 삼아 3헥타르 (9,000평)를 하고 다음 해에는 10헥타르, 그다음 해에는 30헥타르, 또 그다음 해는 50헥타르, 그다음 해에는 100헥타르(30만 평)라는 식으로 지원 규모를 연차적으로 늘려가기로 계획을 세웠는데, 북한 측에서 당장 내년부터 100헥타르로 늘려달라는 것이었다.

우리는 예산을 추가 편성하여 북한의 요구대로 재배 면적을 늘려서 평양시 강남군 당곡리에 100헥타르 규모로 지원했다. 그리고 주거 환경 개선 사업도 같이 해주기로 했다. 주택 개량 사업과 학교, 탁아소, 병원 등도 지어주는 일종의 새마을사업이었다. 경기도에서는 24명으로 인원을 편성하여 3교대로 북한에 파견했다. 북한에서는 한 사람이 계속 2주 이상 체류하는 것을 허락하지 않았다. 우리 인원들은 한번에 7~8명씩 매 2주마다 팀을 바꿔가며 평양에 거주하면서 일했다.

경기도와 북한 당국의 관계는 더 이상 좋을 수가 없었다. 우리가 들은 바에 의하면 당시 우리나라의 중앙정부를 비롯하여 여러 지방자치단체와 민간단체가 북한에 대한 협력 지원 사업을 하고 있었지만, 북한은 경기도의 벼농사 지원 사업을 가장 높게 평가하고 고마워한다는 것이었다. 가장 중요한 식량 문제를 지원하고 그것도 '물고기를 갖다주는 것이

157

아니라 물고기 잡는 법을 가르쳐주는 것'이니 좋게 생각할 수밖에 없었을 것이다.

이렇듯 우리가 대북 지원 사업을 적극적으로 펼치기는 했지만, 지켜야 할 원칙은 지킨다는 것이 내 일관된 입장이었다. 경기도와 북한의 관계가 이렇게 최고조에 이르면서 북한은 벼 베기 행사에 우리를 초청했다. 우리는 모든 준비를 갖추고 직항로로 평양에 갈 전세비행기까지 예약했다. 남북 협력의 새로운 모델을 전 국민에게 보여줄 기회였던 것이다. 그런데 문제가 생겼다. 북측에서 우리에게 방북 길에 가극 「아리랑」을 관람해달라고 요구한 것이다.

당시 북한은 해방 50주년을 맞이하여 김일성의 항일독립운동 이야기를 그린 가극 「아리랑」을 제작하여 대대적인 선전 공세를 펼쳤다. 남측에서 오는 사람들에게 필수 코스처럼 관람시키고 있었는데, 그 내용이 김일성-김정일 체제를 선전하는 것이라 남측에서 문제가 불거지고 있는 때였다.

우리는 난색을 표하면서 「아리랑」 관람을 일정에서 제외시킬 것을 요구했다. 벼농사 지원 사업의 진정성을 훼손시키고 싶지 않다는 뜻을 전했다. 북한은 막무가내였다. 다른 광역단체장들은 관람하는데 왜 경기도지사는 거부하느냐는 것이었다. 나는 「아리랑」을 얼마든지 관람할 수 있지만 지금은 곤란하다고 말하면서 「아리랑」 관람을 벼농사 지원 사업과 연계시키면 앞으로 이 사업에 대한 경기도민들의 이해와 동의를 구하기 어렵고, 이 사업의 진의를 오해하는 분들도 있을 것이기 때문에 안 된다고 버텼다. 북한에서는 경기도지사가 「아리랑」 관람을 하지 않으면 입국을 허락할 수 없다고 했고, 우리는 계속 거부하여 결국 나의 벼 베기 행사 참석은 취소되었다.

"도지사님, 「아리랑」 관람하시고 벼 베기 행사에 참석하셔야 하지 않을까요? 평양에서 우리 도움으로 수확한 볏단을 한아름 가슴에 안고 사진을 찍으면 역사적 사건이 될 텐데요. 그까짓 「아리랑」 관람 건을 갖고 이 좋은 기회를 놓치셔야 되겠습니까?"

많은 사람들이 이런 식으로 내게 눈감고 넘어가자고 조언했다. 하지만 나는 대북 관계에 있어서는 원칙이 중요하다고 생각했다. 우리의 대북 지원 협력 사업의 순수성이 지켜져야 국민들의 동의와 호응을 이끌어낼 수 있고, 그래야 그러한 협력 사업이 지속 가능하다고 본 것이다. 그렇지 않아도 '퍼주기' 논란이 끊이지 않는 상황에서 대북 협력 사업은 당사자인 북한과의 관계도 중요하지만, 우리 대한민국 국민들의 마음을 얻어서 같이 가는 것이 더욱 중요하기 때문이었다.

당신 빨갱이요?

이듬해 봄에 다시 모내기 행사가 계획되었다. 나도 가보고 싶었고, 북측에서도 나의 참석을 강력히 원했다. 그런데 이번에도 북측이 정치적으로 민감한 장소 몇 곳을 방문해달라고 요구했다. 우리는 그간의 관례에 비추어 갈 수 있는 곳은 가고, 무리인 곳은 사양하기로 했다.

"이러시면 우리 지사님 금년 봄에도 안 오시겠다고 할 텐데요."

실무교섭진의 대표를 맡았던 경기도청 김동근 정책기획관이 북한 측에 나름 엄포를 놓았다고 했다.

"손 지사님이 오시면 높은 분도 만나셔야 하지 않겠소?"

북측에서는 은근히 고위층을 만나려면 이러이러한 곳은 방문해야 한다는 식으로 압력을 가해왔다.

이럴까 봐서 나는 교섭 대표에게 단단히 주의를 주었다. 이번 방문은 오직 벼농사 시범 사업을 위한 행사이니만큼 절대로 고위층 면담을 하지 않겠다고 말이다. 아울러 저쪽에서 그런 제의를 하더라도 못 들은 척하라고 했다. 결국 2006년 봄의 평양 방문 때에는 당이나 정부의 고위층을 만나는 일정 없이 벼농사 행사 위주로 짤 수 있었다.

우리는 전세비행기로 서울-평양 직항로를 갔다. 북측의 대접은 극진

했다. 우리를 위해 주말인데도 '어린이 궁전'을 열었고, 특별 공연도 했다. 북한 고위층과의 면담도 없었고, 북측이 방문을 요구한 곳들도 정치적으로 갈등을 유발할 만한 장소는 없었다. 우리의 입장을 충분히 배려해준 일정이었다.

가장 인상적인 곳은 역시 벼농사 시범 사업이 이루어지는 당곡리 현장이었다. 공식 행사 후 이앙기로 모내기 시범을 보이고 마을 사람들과 막걸리 파티를 했다. 북한 측에서는 관계 기관 간부들이 참석했을 뿐 주민들은 몇 명 없었다. 그 몇 안 되는 주민들도 단단히 교육을 받은 듯 거의 무표정했다. 멀리 지나가는 주민들도 표정 없이 우리를 쳐다보았다.

그런데 여기서 특별한 시간이 있었다. 마을 환경 개선 사업의 성과를 직접 보기 위해 북한 주민들이 사는 마을에 들어가게 되었다. 마을 길을 걷다가 농가 주택이 있어서 들어가보자고 했다. 안내하는 북측 책임자가 머뭇머뭇하는 사이에 우리는 자연스레 주택에 들어갔다. 부엌도 보고, 방도 들여다보았다. 부엌살림이나 방안의 세간살이는 단출했다. 우리 어렸을 때 시골집 같았다.

"남측에서 온 고위층 중에 우리 주민의 집을 직접 들어가본 사람은 지사님이 처음일 겁니다."

우리 안내를 맡았던 북측 간부가 생색내듯 말했다. 나는 그때 우리 농업기술자들이 이곳에서 북한 주민들과 어울려 일하면서 인간적으로도 가까워지고 있다고 느꼈다. 그들과 함께 농사를 지으면서 농기구를 가지러 가거나 물이라도 한 잔 먹으러 자연스레 그들의 집을 드나들게 되고, 그런 분위기 속에서 나를 북한 주민들 집으로까지 안내하게 된 것이라고 생각했다.

북한 당국은 우리 농업기술자들이 현지가 아닌 평양의 호텔에 머물며 출퇴근하게 했다. 그럼에도 농업의 특성상 우리 공무원들은 북한 농민들과 오랫동안 함께 일하면서 자연스레 가까워진 것이었다. 바로 이것이 햇볕 정책이라는 생각이 들었다. 독일 수상 빌리 브란트의 동방 정책을 창안한 에곤 바르가 독일 남부 뮌헨 근처의 아카데미하우스에서 행한 연설에 나온 그 유명한 '접촉을 통한 변화'의 단초를 나는 그렇게 평양 근교의 농업 현장에서 보았던 것이다.

경기도는 분단의 현장이고, 통일의 미래고, 평화의 마당이다. 김대중 대통령이 2000년 평양에서 역사적인 남북 정상 회담을 개최한 뒤 남북의 교류가 활발해졌다. 그 덕에 개성공단 건설 준비가 진행되는 등 분단의 현장인 경기도가 평화의 현장으로 바뀌고 있었다. 그런 분위기가 무르익던 2년 뒤 연평해전이 터졌다. 그리고 나는 그때 경기도지사에 당선이 되었다.

나는 경기도지사 취임 첫날인 2002년 7월 1일 아침에 경기도 성남시 국군통합병원 연평해전 전사 해군 장병 여섯 명의 영결식장에서 첫 번째 직무를 수행했다. 취임식도 하기 전에, 도청에 출근도 하지 않은 채 곧바로 간 관용차의 첫 행선지가 바로 그 영결식장이었던 것이다. 안보가 중요했기 때문이다. 북한과의 관계는 평화를 앞세워야 하지만, 안보는 안보대로 국민들의 의식 속에 굳게 자리를 잡고 있어야 한다. 이것이 평화와 안보에 대한 내 원칙이었다.

나는 남북의 평화와 교류·협력에 특별한 관심을 갖고 있다. 우리 민족의 지상 과제인 통일을 이루려면 남북 간의 교류·협력이 활발히 이루어져야 하고 이를 위한 평화 분위기 조성은 대단히 중요하다. 나는 당시 한나라당 소속이었으면서도 DJ의 평화와 협력 정책이 남북 관계의 올바른 방향이라고 생각하고, 햇볕 정책은 한나라당이 집권해도 계승·발전시켜야 할 정책이라고 공언해왔다. 나는 경기도지사 시절에 햇볕 정책의 설계자인 임동원 전 통일원 장관이 퇴임 후에 세종연구소 이사장으로 일할 때 찾아가 자문을 구하기도 했다.

나는 지금도 북한 핵문제를 해결하기 위한 대북 제재와 함께 남북 대화와 협력의 끈을 계속 유지해야 한다고 믿는다. 우리는 미국과 북한이 계속 접촉하면서 외교 관계를 수립할 수 있도록 미국을 설득하는 입장에 서 있어야 한다. 미국과 중국이 한반도에서 대결하지 않고 협조할 수 있도록 중간 역할을 해야 한다. 그래서 한반도에서 평화 협정이 체결될 수 있도록 노력해야 한다.

한반도에서 전쟁은 안 된다. 평화가 자리를 잡아야 한다. 우리 경제의 어려움을 해결하기 위해서도 한반도 평화와 남북 협력은 필수적이다. 대한민국은 한반도 평화의 주도권을 가져야 한다.

나는 경기도지사에 취임하자마자 경기개발연구원 이철규 원장 주관하에 남북평화협력위원회를 구성하고 학계 인사들과 전문가들을 초청하여 남북 협력 사업을 계획하고 추진했다. 나는 남북협력기금을 대폭 확충하고, 우리민족서로돕기운동본부의 이용선 사무총장을 매개로 북한 측과 협의하면서 국수공장을 건설해주고, 용천에서 열차 폭발 사고가 났을 때는 제일 먼저 경기도가 보유하고 있던 구호물품세트와 의약품을 보냈다.

그런데 북한과의 벼농사 지원 사업에 심혈을 기울이고 벼가 성공적으로 수확되고, 내가 모내기 행사를 위해 북한을 방문하면서 이를 긍정적으로 보는 여론이 일자 한나라당 내에서 나를 향한 심한 말들이 나왔다.

나의 목민심서
강진일기

"당신 빨갱이요?"

이듬해 결국 나는 탈당이라는 선택을 했다. 내 탈당을 두고 '보따리 장수'라는 말부터 '철새'라는 말까지 온갖 비방들이 넘쳐났다.

"아이고, 그냥 있었으면 지금 우리 새누리당(한나라당) 대통령 후보가 되거나 총리를 하셨을텐데…" 하며 아쉬워하는 분들은 지금도 많다.

내가 탈당을 하지 않았으면 정말로 그 말대로 되었을지도 모른다. 그러나 분명한 것은 그렇게 되려면 내 생각과 정치적 소신을 바꾸어야 했다. 북한과의 평화 교류 협력 정책을 포기해야 했고, 내가 생각하는 보편적 복지 정책 등도 펴내지 못했을 것이다. 후보가 되기 위해 내가 살아온 삶을 부정하고 소신을 바꿀 수는 없었다. 그것은 나의 길이 아니었다. 나는 그렇게 대선 후보가 되고 싶지 않았다.

나의 탈당에 대해 많은 분들이 만류했고, 어떤 분은 눈물을 보이기도 했다. 그러나 나는 떳떳하게 시베리아 벌판에 홀로 나섰다. 대통령 욕심에서 탈당했다는 비난에도 아무 소리 하지 않았다. 누가 나를 '빨갱이'라 부르든, '철새'라 부르든 그건 중요하지 않았다. 나는 나의 정치를 하고 싶었다. 마지막 강의에서 내가 무엇이 되는가를 보지 말고, 내가 무엇을 하는가를 보라고 서강대학교 제자들에게 당부했던 나의 모습을 찾고 싶었던 것이다. 어려서부터 가졌던 나라와 국민들에 대한 나의 사랑과 열정에 충실하고자 했다.

다산이 강진에서 해배가 될 즈음 친구인 김이재로부터 해배가 될 것 같다는 편지를 받았다. 다산이 김이재에게 답장을 썼다.

이 몸이 살아서 돌아간다면 내 개인의 기쁨일 것입니다. 그러나 지금 이곳 모든 백성들은 굶주림에 시달리고 있으며, 벼슬아치들의 횡포는 이루 다 말할 수 없을 지경입니다. 게다가 심한 가뭄으로 논마다 쩍쩍 벌어져 호미질조차 하지 못한 채 잡초만 우거져 있습니다. … 그런데도 벼슬아치들은 백성들을 돕기는커녕 오히려 더 못살게 하니 통탄하지 않을 수 없습니다. 조정은 백성의 심장이며, 백성은 나라의 팔다리와 같은 것이어서, 한결같이 맥박이 뛰고 피가 돌아 한순간일망정 쉬는 틈이 있어서는 안 될 것입니다.

그런데 오늘날 수많은 백성들이 공포에 떨고 있고, 많은 지역들이 소동에 뒤흔들리고 있어도, 조정에서 아무런 구호 대책도 세우지 않고 자기들의 권력과 이익 다툼에만 정신을 팔고 있으니, 이러다간 백성들이 난을 일으키지 않을까 두렵습니다. 이 몸은 언제 죽더라도 한이 없습니다. 설령 귀양살이하다 이곳 강진에서 죽더라도 결코 한이 없습니다. 다

166

만 나라를 사랑하고 걱정하는 일편단심만은 변함없습니다.

그의 벗이었던 김이재는 크게 감동을 받았다. 나도 다산의 나라 걱정, 백성 걱정에 담긴 순수함에 감동했다. 그리고 다짐했다. 이제 나 개인의 영달 따위는 중요하지 않다는 것을.

나의 재산 목록

어느 날 오후 고화열 씨 내외가 며느리, 손주와 함께 토담집을 찾아왔다. 고화열 씨는 내가 경기도지사로 있을 때 다니던 고려이발소의 단골 이발사였다. 그는 해남 고향으로 귀향해 살고 있었다. 그런데 막상 시골로 내려와 생활하려니 어려움이 많은 듯 보였다. 고화열 씨는 이발 이외에 다른 기술이 없었다. 농사도 지어본 일이 없어 농사를 짓고 살기도 쉽지 않은 것 같았다. 부인은 지금 해남종합병원에서 일하고 있다고 했다. 박봉이지만 그나마 정기적인 수입이 있어 만족한다고 말했다. 큰 욕심 없이 사는 서민들의 전형적인 모습이었다.

며느리는 현역 부사관으로, 역시 부사관인 남편과 함께 원주 보병사단의 신병교육대 분대장으로 근무하고 있었다. 고화열 씨의 아들은 대학에 다니다가 군에 들어가서 부사관에 지원했다고 한다. 지금 5년차 근무로 계급은 중사인데 월급이 세금 공제 후 200만 원 정도라 안정적인 직장으로 인식하고 있었다. 하사인 며느리와 고화열 씨 부부 모두 그 정도면 생활하는 데 충분하다며 만족해했다. 며느리는 만 3살짜리 아들을 두고 있는데, 지난 3년간 육아휴직을 내서 키웠다고 한다. 여군의 출산 및 육아에 대한 복지·후생은 비교적 잘 되어 있는 것 같았다.

모처럼 만난 고화열 씨의 집안 이야기를 통해 우리나라 서민들의 생활을 볼 수 있었다. 특히 청년들의 취업난과 세태 변화를 실감할 수 있었다. 청년들에게 일자리와 공정한 사회는 가장 중요한 문제다.

인사는 만사라고들 한다. 나는 내가 일하는 게 아니라, 공무원들이 일하는 것이라는 생각으로 경기도청의 인사관리를 했다. 얼마 전 경기도청의 서강호 국장이 찾아왔다. 내가 도지사를 할 때 투자 유치 업무와 의전계장 일을 했던 사람이다.

"도지사님이 취임 초 '공무원을 모시고 일하겠다'고 말씀하실 때, 모든 도지사들이 처음 오면 다 그런 말을 해서 그러려니 했는데, 끝까지 그렇게 해주셔서 고마웠습니다."

나는 공무원 복이 많은 사람이다. 칭찬을 하면 고래도 춤춘다는 말이 있지 않는가. 나는 경기도 공무원들을 격려하면서 일하게 했다. 그들은 정말로 신나게 일했다.

정창섭 행정부지사는 3년 반 동안 그 자리에서 일하면서 경기도 내의 일을 다 맡아서 처리했다. 모든 일을 그에게 믿고 맡겼다. 내 임기 말엽에 행정자치부로 돌아가겠다고 해서 그렇게 하라고 했다. 그랬더니 김성식 정무부지사가 그러면 지사님이 어떻게 일하려고 그러시느냐고 해서 붙들어둔 정도다.

이재율 투자진흥관을 비롯해서 '찍새', '딱새' 들의 헌신은 놀라웠다. 모든 공무원들이 하나가 되어서 일했다. 최태열 행정자치국장을 비롯해서 9급에서부터 시작한 대부분의 경기도청 직원들의 도정에 대한 애정과 사명감은 대단했다.

인사 중 발탁인사는 기억에 남는 법이었다. 나는 특히 여성 공무원의 사기 진작에 신경 썼다. 여성 공무원을 일반 실무부서의 국장으로 임명하고, 부단체장으로 내보낸 것은 전국적으로도 처음이었다. 기술직 여성 공무원들을 주택국장에 임명하고, 다음 해에는 부시장으로 임명했으며, 9급에서 올라온 여성 공무원을 상당히 큰 도시의 부시장으로 내보내기도 했다. 이때 나는 남성 공무원들의 불만과 질시를 등 뒤에서 느낄 수 있었다.

9급에서 올라온 여성 공무원을 일반 실무부서의 주무계장으로, 또 다른 여성 공무원을 31개 시·군을 직접 관장하는 행정계장으로 임명할 때는 간부들의 노골적인 반대에 부딪혔다. 여성 공무원을 주무계장으로 승진 발령하자 해당 부서의 국장이 몇 번씩이나 나를 찾아와 재고를 요청했다. 심지어 부지사를 비롯한 다른 간부들도 그에게 동조하는 분위기였다.

"능력이 딸려요?"

내가 물었다.

"아닙니다."

국장이 여전히 못마땅하다는 투로 대답했다.

"그럼 그 사람 대인관계에 문제가 있어요?"

"없습니다."

나는 국장이 하도 반대하기에 이렇게까지 물었다.

"혹시 그 여성 공무원의 남자관계에 무슨 문제가 있나요?"

없다고 했다. 그럼 도대체 왜 그러느냐고 물었다.

"주무계장이라는 자리는 부서 전체의 직원들을 지휘하며 일을 시키고, 직원들과 어울려 술도 마시고, 때로는 밤늦게까지 직원들과 어울려 일해야 하는 자립니다. 여성으로서는 어려울 겁니다."

국장은 한사코 반대했다. 나는 그러면 여성은 언제까지나 어려운 일을 하는 책임 있는 자리에는 갈 수 없다는 말이냐며, 이제는 세상이 바뀌었으니 국장이 마음을 바꾸라고 하면서 임명을 강행했다.

시간이 지나니 그 여성 주무계장의 업무에 국장도 만족해했다.

경기도 행정을 안정시킨 데는 이수영 영어마을 원장의 역할이 컸다. 안산시장 등을 역임하고 행자부 직원들의 존경과 신망을 받는 이분은, 나의 인사행정에 중요한 지표가 되어주었다.

경기도의 공무원 말고도 내가 임명한 정무직 공무원들로부터도 많은 도움을 받았다.

한현규 초대 정무부지사는 건설부 출신으로, 거칠 것이 없는 사람이었다. 이 사람은 아이디어도 많고 배짱이 좋아서 무슨 일을 시키든 '안 된다'고 하는 법이 없었다. 영어마을도, 광교신도시도, 판교테크노밸리도 다 이 사람의 작품이었다. 말년에 말썽을 일으켜서 내 마음을 아프게 했지만, 아무튼 '물건'이었다.

김성식 정무부지사도 내게 큰 도움을 주었다. 정무적인 일뿐 아니라 투자 유치 등 행정 분야의 일까지 폭넓게 챙겨주었다. 김 부지사는 경기도지사 퇴임 후 나의 '대권 프로젝트'도 진두지휘해주었다. 100일 민심대장정을 당시 정무특보였던 강훈식 의원과 함께 기획하고 상황을 지휘했다. 내가 한나라당을 탈당할 때는 울면서 나를 만류했다. 그때 그가 한 말 중에는 아직도 공개할 수는 없으나 그 말의 의미가 무엇인지를 나중에 민주당 생활을 하면서 깨닫게 된 것도 있었다.

경기도 공보관을 지낸 차명진 전 의원은 그가 서울대 정치학과 후배인 줄을 한동안 몰랐을 정도로 소탈한 사람이었다. 특유의 소탈하고 솔직담백한 성품과 언행 탓에 기자들과 싸움도 많이 했지만, 바로 그러한 기질 때문에 언론과 도지사의 가교 역할을 훌륭하게 수행할 수 있었다.

외자 유치와 관련해서 처음에는 유니버설스튜디오나 디즈니랜드 같은 위락시설에 관심을 가졌으나 막상 교섭을 해보니 모두 허황된 것임을 깨달았다. 그때 차 대변인이 제조업 투자에 승부를 걸자고 건의했다. 경기도의 투자 유치 정책을 첨단산업과 제조업 위주로 바꾸게 된 결정적인 계기를 차 대변인이 제공한 셈이다.

다산은 강진에 살면서 자신의 가족들과 꾸준히 편지를 주고받았다. 그중 특히 아들에게 보낸 편지의 한 글귀가 인상적이었다.

재물을 오래 보존하는 길은 어려운 사람들에게 주는 것이다. 형태가 있는 것은 없어지기 쉽지만, 형태가 없는 것은 없어지기 어렵기 때문이다. … 무릇 재화를 비밀리에 숨겨두는 방법으로 남에게 베푸는 것보다 더 좋은 게 없다. 남에게 베풀어버리면 도적에게 빼앗길 걱정이 없고, 불이 나서 타버릴 걱정이 없고, 소나 말로 운반하는 수고도 없기 때문이다.

다산의 말대로라면 특히 정치인은 재물 따위에 연연하지 말아야 한다. 사실, 내 재산은 집 한 채뿐이다. 하지만 이보다 더 큰, 가장 큰 재산은 가족 그리고 나와 함께 일했던 사람들, 나를 지지해주는 사람들이다.

4장 준비하면 열린다

3. 길 위에서 묻다

이대로 좋습니까?

국가가 흥하는 데는 100년의 노력이 필요하지만, 망하는 데는 10년도 안 걸린다. 필리핀, 아르헨티나, 브라질 등이 대표적인 예다.

우리나라도 지금 자칫 무너질 위기에 처해 있다. 이명박 정부의 가장 큰 잘못은 새로운 성장동력을 만들지 못한 것이라고 기업인들이 말했다. 그런 점에서는 지금의 정부도 마찬가지다.

토담집을 찾아오는 사람들은 경제 성장은 물론 남북 관계, 국제 정세, 청년 실업, 저출산, 비정규직 등 우리나라가 당면한 문제들을 해결할 수 있는 유일한 정치인이 손학규라고 목소리를 높였다. 나라가 이대로는 안 된다고 한탄하는 사람들이 늘어갔다.

국민들이 손학규를 끌어낼 때가 다가오고 있으니 준비해야 한다는 사람도 있었다. 이런 이야기들이 나오면 묵묵히 듣기만 했다. 이런 이야기들을 들을 때면 내 생각은 민심대장정 시절로 돌아갔다.

전라남도 나주시의 자모마을에서 김용택 이장을 만난 건 민심대장정을 나선 지 거의 두 달쯤 후인 한여름이었다. 그는 대학생과 고등학생 아들 둘과 함께 행복하게 사는 것 같았고, 생활도 그럭저럭 괜찮아 보였다.

그런데도 빚이 2억 원이나 된다고 말했다. 농촌에서 웬만큼 농사를 지으려면 보통 이 정도 빚은 지고 산다고 했다. 벌어서 빚과 이자까지 갚고 간신히 살다가 농사라도 망치면 또 빚을 얻는 생활이 농촌 사람들의 생활이라는 것이다. 김 이장만의 경우가 아니었다. 농촌 어디에서든 이런 이야기를 들었다.

"돈을 모아요? 오늘 아침에 집에서 나올 때 어머니한테 돈 2만 원 빌려서 나왔어요. 손 지사님 오신다는데 그냥 있을 수도 없고 해서 수박 한 통 사려고 97세 되신 어머니한테 돈을 빌렸지요. 성주에서 '참외넝쿨 걷어내면 돈 떨어진다'고 하지요? 우리 밀양 화훼농가에서는 '꽃 떨어지면 돈 떨어진다'고 말해요. 우리 농사는 '아스팔트 농사'예요. 농사 지어봤자 수확하는 날에 그동안 밀린 학비, 이자, 농자재 외상값으로 다 나가지요. 그날부터 농협에 가서 또 돈을 빌리고, 그 이자 갚기 위해 또 돈을 빌리는 악순환인 것입니다. 아스팔트나 시멘트 위에 농사짓는 것과 똑같아요. 농사 지어봐야 소용이 없습니다."

농촌을 꽉 누르고 있는 이 절망과 좌절을 어떻게 희망으로 바꿀 것인지 싶어 마음이 무거웠다.

"나라에서 도둑놈을 양성합니다. 장비를 길에 세워놓으면 기름을 빼갑니다. 기름값이 비싸니까 그러는 거죠."

안동시의 호프집에서 만난 반병헌 씨가 억울해하며 토해낸 이야기였다. 내가 호프집에 앉아 있는데, 무작정 자기 잔을 들고 다가왔다. 덤프트럭을 운전한다는 그는 9남매 중 맏아들로, 부모님 모시고 동생들을 건사하려니 너무 힘들다면서 고개를 떨궜다. 다시 농업으로 전업해볼까 하고 얼마 전부터 한우를 몇 마리 사서 기르기 시작했다고 한다. 이거 해보다가 안 되면 저거 해보고, 저거 하다가 안 되면 또 다른 일에 손대보는 식이었다. 반 씨의 모습은 오늘 우리 사회에서 어렵게 살아가는 전형적인 서민의 삶이었다.

반 씨가 자리에서 일어나 가게를 나가는 걸 보며 제대로 한번 안아주기라도 해야겠다 싶어 나도 가게 밖으로 따라 나갔다. '잘 가라'고 인사하려는데 그가 길바닥에 넙죽 엎드려 절을 했다. 나도 황급히 맞절을 했다. 그는 눈물을 흘리면서 걸어갔다.

민심대장정 내내 서민들은 분노와 좌절을 내 앞에서 눈물로 쏟아냈다. 민심대장정 기간 중에 가장 난감했던 것이 내가 만난 사람들이 대화하다가 울음을 터뜨리는 것이었다. 자기들의 어려운 처지를 말하다가 설움이 북받쳐 자기도 모르게 눈물이 터져 나오는 것이었다. 한두 번이 아니었다.

"우린 소원이 없심더. 맨날 일만 했으면 좋겠심더. 아침에 출근하고, 저녁에 퇴근하고…. 울고 싶심더!"

영주에서 만났던 철공일을 한다는 홍주성(45세) 씨는 울먹이며 이렇게 말했다. 홍 씨는 대여섯 명이 한 조를 이룬 팀을 이끌고 돌아다니면서 용접 등을 하거나, H빔이나 철골물을 다루는 소사장이다. 영주시의 '끝순네'라는 막걸리집에서 다른 이와 이야기를 나누는데, 옆자리에 앉았던 홍 씨가 막걸리 주전자를 들고 우리 자리에 와서 나에게 술을 권하면서 만남이 이루어졌다.

4장 준비하면 열린다

"테레비에서 봤심더. 이렇게 직접 뵈니 좋니이더. 참 보기 좋심더. 서민 생활 잘 좀 살피고 가이소!"

나는 그쪽 자리로 건너가서 주저앉아 잔을 돌리며 이야기를 들었다.

금년 들어 고작해야 한 달에 6~7일 일한다는 홍씨. 아이들은 어떻게 키우느냐고 물으니, 또 한 번 울컥하며 말문이 닫히더니 이렇게 털어놓았다.

"우리 같은 노가다는 서너 집에 하나가 아니라, 한 집 건너 하나가 집이 제대로 없심더. 마누라 도망가고, 이혼하고…."

나보다 먼저 나가길래 쫓아가서 인사를 했더니 홍 씨도 길바닥에 넙죽 엎드려 나한테 절을 한다. 황급히 나도 땅바닥에 엎드려 마주 절을 하니, 그는 목이 멘 채로 이렇게 말했다.

"서민들을 위해 좋은 정치 해주십쇼."

내가 일으켜 세우며 둘이 누가 먼저랄 것 없이 부둥켜안고 한참 있었다. 내 가슴에 눈물이 흐르고 있었다.

충북 보은의 정용우 씨는 원래 농민운동을 적극적으로 하던 사람이다. 극렬 시위에 항상 앞장 선 과격파였다. 그런 그가 정치인인 내가 민심대장정을 한다니까 또 쇼를 하겠지 하고 일부러 찾아왔다. 내가 일하는 모습을 지켜보기 위해서였다. 정 씨는 충청북도 영동군의 포도밭에서 포도를 따고 집하장에서 포도를 나르는 나를 지켜보기 위해 일부러 그곳까지 찾아온 것이다. 다음 날에는 충북 보은의 마로탄광에 와서 나와 함께 막장에 들어간 광부들에게 내가 어떻게 일했는지 물어보기까지 했다. 정 씨는 내가 요령을 피우거나 눈가림으로 하지 않고, 다른 이들이 보든 말든 열심히 일하는 것을 본 뒤에 나에 대한 마음을 고쳐먹었다고 말했다. 정 씨는 원래 민노당 계열이었지만, 그때 이후 나의 열렬한 지지자가 되어 민주당원이 되기까지 했다.

민심대장정에서 가장 많이 느낀 것은 서민들의 훈훈한 정이었다. 전라남도 목포시에서 새벽 4시 반에 수협 위판장에 나가서 경매에 참관한 후 청소를 도왔다. 쓰레기를 줍고, 고무호스로 바닥을 물청소하는 일이었다. 수압이 워낙 세서 처음에는 호스를 잡은 몸이 휘청거렸다.

한 시간쯤 했을까. 어떤 사람이 막걸리 한잔하고 하란다. 얼씨구나 하면서 호스를 내려놓고 따라나섰다. 나는 막걸리 한잔하라고 권한 그 사람이 청소책임자인줄 알았더니 아니었다. 지게차를 끌기도 하고 하역·포장 작업을 하는 일반 노조원이었다. 아침에 포장 작업을 한 병어를 회로 썰어놓고 나를 기다린 것이다. 인정이 진하게 느껴졌다. 대접으로

179

석 잔을 쭉 들이키고 다시 일을 했다. 기운이 났다.

일을 끝내고 나니 한잔 더 하잔다. 위판장 앞 구멍가게에서 일을 끝내고 한잔하던 항운노조 소속 노동자들과 함께 어울렸다. 안주는 김치뿐이었다. 안주 좀 달랬더니 김치밖에 없단다. 일하고 땀 흠뻑 흘린 뒤 마시는 막걸리는 정말 일품이었다. 같이 일했던 분들과 함께 아침을 먹으러 갔다. 또 막걸리를 권한다. 내가 막걸리를 좋아하는 게 소문이 났는지 가는 데마다 막걸리만 권한다. 나보고 일 잘한다는 칭찬 일색이다. 일용직 노동자들의 가난한 삶 속에 존재하는 순박한 정을 느끼며 아침을 잘 먹었다. 노동자들이 잘사는 나라가 됐으면 좋겠다는 마음이 솟았다.

민심대장정 일지를 정리하다가 찾은 전화번호로 경기도 안산시의 '안덕금속' 김영진 사장에게 전화했다. 너무나 반가워했다. 그는 목소리를 듣고 단번에 난 줄 알아봤다. 그동안 내 전화를 기다렸고, 혹시라도 내가 전화할까봐 011 전화번호를 그대로 유지했다고 말했다. 환경 문제로 어려움을 겪는 공해배출업소를 방문해서 문제를 해결해준 일이 있었는데, 그는 이를 고맙게 여겨 내가 민심대장정을 할 때 경상남도 진주시의 수해 복구 작업에 안산시의 기업인과 직원 130명을 데리고 와서 동참해주었다. 이런 분들이 아직도 나를 기억하며 도움을 주려고 하니 나는 행복했다. 아울러 '바른 정치'를 기대하는 분들이 있다는 사실이 나를 적잖이 위로해주기도 했다.

민심대장정을 할 때 내 마음을 아프게 했던 건 역시나 정치에 대한 국민들의 불신이었다. 나의 민심대장정 자체를 긍정적으로 보신 분들마저 정치에 대한 불신과 회의를 내비치시기는 마찬가지였다. 국가에 대한 그들의 요구 사항도 간단했다.

"세금 좀 적게 내게 해주이소."

"자식들 학교 나오면 취직되게꾸럼 해주이소."

이 두 가지뿐이었다. 내가 민심대장정에서 만난 거의 모든 서민들에게는 가난이 대물림되는 세상을 향한 원망과 자조적인 마음이 배어 있었다. 그들의 마음과 말 속에는 정치에 대한 관심도, 대통령에 대한 기대도 없었다.

하늘의 뜻

100일간의 민심대장정이 끝났다. 중간에 사흘을 쉬었기에 사흘을 더 했다. 처음에 민심대장정을 시작할 당시 '쇼'라면서 냉소적인 시선으로 보던 사람들도 날이 지나면서 시선이 달라지기 시작했다. 내가 형식적으로 사진이나 찍고 기자들 앞에서만 일하는 척하는 게 아니라, 보는 사람이 없어도 열심히 일하는 것이 알려지면서 언론의 시각도 달라졌다. '쇼'라도 저 정도면 인정해주어야 한다는 얘기도 나왔다. 기자들이 취재하러 와서는 자기들도 펜과 카메라를 옆에 놓고 같이 일하기도 했다.

강원도 인제군 기린면 현리의 이장인 손영근 씨에게서 전화가 왔다. 우리가 떠난 뒤 비가 또 억수로 쏟아져서 그 지역이 심각한 피해를 입었는데, 자기 마을은 우리가 쌓아준 제방 덕에 피해가 없었다며 고맙다고 했다.

민심대장정 중에 재미있는 일도 많았다. 울릉도에서 오징어를 펴서 대나무에 꿰어 널던 때가 생각난다. 듣던 대로 맨발로 오징어 한쪽을 밟고서 펴는 작업도 재미있었고, 풍랑으로 뱃길이 막혀 울릉도에 사흘간 갇혀 있던 것도 추억으로 남았다. 다행히 첫날은 날씨가 좋아 독도에 올라 감회가 새로웠고, 제주도에서는 대한민국 최남단 마라도에서 대양을 바라보면서 세계를 향해 힘차게 뻗어나갈 대한민국의 미래를 그려보기도 했다.

광주에서는 김규옥 목사가 20년간 노인들을 위해 무료 급식하는 사랑의 쉼터에서 배식 작업을 하러 갔는데, 수염이 덥수룩하고 몰골이 어

나의 목민심서
강진일기

수선한 나를 본 안내자가 급식을 받는 사람들의 줄에 서라고 안내하기도 했다. 국군의 날을 맞아 대전 현충원에 가느라고 택시를 탔는데, 운전기사가 나를 계룡산 도인으로 오인한 일도 있었다.

100일 동안 전국을 다니면서 별의별 음식을 다 먹고, 별의별 장소에서 잤지만 배탈 한 번 안 났고, 감기 한 번 걸리지 않았다. 여러 가지 힘든 일들을 했는데, 안전사고 한 번 없었던 것도 큰 다행이었다. 그저 하늘에 감사했다.

민심대장정을 끝내고 나는 어떤 어려운 조건에서도 서민들과 같이 생활할 수 있다는 자신감을 갖게 되었다. 이것이야말로 다른 정치인이 가질 수 없는 보람이었다.

민심대장정이 끝나는 날 서울역 광장에 환영 이벤트가 준비되었다. 나는 그런 행사를 반대했으나, 참모들은 언론이 스스로 준비한 것이고, 시민들이 자발적으로 나오는데 막을 길이 없다며 행사를 준비했다. 그러나 부산에서 KTX를 타고 밀양쯤 왔을 때 서울에서 전화가 왔다. 북한이 핵실험을 했다는 전갈이었다. 서울역에는 1,000명이 넘는 인파가 나오고, 모든 언론이 대기 중이며, 신문 지면과 TV 시간이 민심대장정 회향에 맞추어 배정되어 있었는데, 청천벽력이었다. 나는 조용히 눈감고 생각했다.

"하늘의 뜻이구나!"

나는 마음을 가다듬고 김성식 부지사에게 핵실험 비판 성명을 내도록 지시했다.

그날 많은 생각을 했다.

"자만하고 안주하지 마라. 더 준비하고 더 노력해라!"

하늘의 계시로 받아들였다.

해가 두 번 바뀌고 봄이 시작되면서 나를 찾아오는 사람들이 부쩍 많아졌다. 나에 대한 기대 혹은 염려 때문에 찾아오는 사람들이었다.

어느 이른 아침에는 나주에 사시는 오기선 씨가 토담집을 찾았다. 녹차를 만드시는 다예가인데, 여든이나 되셨다는 게 믿어지지 않을 정도로 정정한 분이다. 작년에 찾아오셨는데, 올해에도 또 오셨다. 그분과 차를 한 잔 했다.

"손 대표님, 이젠 산을 내려갈 때가 된 것 같소."

지난해에는 별 말씀이 없던 분이 올해에는 하산을 청했다. 그분의 얼굴에 수심이 가득했다.

"우리 부부 내외가 도시도 아니고 시골에서 한 달을 사는 데 150만 원이 듭니다. 그런데 그 돈 마련하는 게 쉽지 않습니다."

"여기까지 오셨으니 점심이라도 하고 가시죠."

"아니요. 아무래도 폐가 될 거 같으니까 그냥 가겠습니다."

오기선 씨는 간단하게 차 한 잔 비우고는 돌아갔다. 그가 남기고 간 것은 노인 복지 문제였다. 마음이 무거워졌다. 지금 당장 내가 뭔가를 해줄 수 없다는 사실에 가슴이 아팠다.

2016년 3월 첫 주의 주말, 우리 부부의 결혼 42주년이었다. 아침 늦게 일어나 백련사에서 공양을 한 뒤, 고흥의 나로우주센터를 찾았다.

우주로켓 발사대를 볼 수 없어서 아쉬웠다. 바닷가로 간 다음 먼발치에서 새로 짓는 건물이 올라가는 걸 봤다. 다시 본관에 와서 커피 한 잔을 마시고 입장권을 사갖고 들어갔다. 아내는 4D 영화를 재미있게 봤다. 그 밖의 여러 아동 교육용 전시관을 둘러보고 나왔다. 우리나라 우주산업의 발전에 대해 알리고, 어린이들에게 우주에 대한 상상력과 비전을 심어주기에는 시설과 내용이 좀 빈약한 것 같아 아쉬웠다. 기초과학과 기술 발전에 나라가 더욱 신경을 써야 한다고 생각했다.

돌아오는 길에 나로도항에 가서 돔회와 매운탕으로 결혼기념일을 자축했다. 아내와 밥을 먹으며 우리의 결혼생활을 떠올렸다. 생각해보면 내가 이 세상에 태어나서 가장 잘한 일이 바로 아내 이윤영을 만난 일이

185

었다.

수배를 피해 도망을 다니던 시절, 아내 혼자 큰딸을 키우며 갖은 고생을 했다. 정보부에 끌려갔을 때 이 아이도 같이 갔는데, 이질로 인한 설사로 거의 죽을 뻔했단다. 딸이 보고 싶어 당시 송태호 선배 등의 도움을 받아 몰래 만나보고 다시 조용히 어디론가 떠나곤 했다. 둘째 딸을 낳고 나 혼자 영국에 갔을 때도 아내는 홀로 두 아이들을 돌보며 견뎌내야 했다. 그런 일들을 생각하다 보니 아내에게 정말 미안했다.

다산의 부인 풍산 홍 씨는 다산보다 한 살 많았다. 그녀는 오랜 세월 동안 다산을 기다리며 혼자 아이들을 키우며 살아야 했다. 그 부부의 절절한 심정이 우리 부부의 결혼생활과 중첩되어 짐짓 뭉클해졌다. 나야 내 몸 하나 건사하면 되었지만, 아내는 약국도 운영해야 했고 아이들도 보살펴야 했다. 가장 없이 보내야만 했던 날들의 고독을 내가 어찌 알 수 있을까? 다산도 홍 씨에 대해 그러했겠지만, 나 역시 평생 고마워해도 모자랄 거라고 생각했다.

내가 영국으로 유학을 갔을 때 아내는 결국 약국 문을 닫고 영국으로 건너와주었다. 어딜 가나 조용히 나의 그림자처럼 훌륭하게 내 곁을 지켜주었다. 아내가 없었다면 내가 국민들을 내 정치의 중심에 두는 생각이 가능했을까 싶다. 아내에게도 꿈이 있었을 텐데. 그 꿈은 어디로 갔을

나의 목민심서
강진일기

까? 새삼 고맙기도 하고, 또 새삼 아내의 힘이 강하다는 것도 느꼈다.

아내와 토담집 평상에 앉아 막걸리 한 잔을 더 하면서 노래를 불렀다. 「너와 나」, 「누가 이 사람을 모르시나요」, 「청산별곡」, 그리고 「모란이 피기까지는」, 「광야」, 「사랑의 노래」 같은 시도 읊었다. 아내는 학림다방 시절을 회상하며 좋아했다. 거침이 없고, 패기만만하고, 온 우주를 내 가슴에 품고 있던 시절이었다. 그날 밤은 밤하늘의 별들이 유난히 찬란했다.

마키아벨리도 유배 생활을 했다. 아마도 자신의 정치 역정을 되돌아보면서 정치적 성패 그리고 덕과 운의 관계에 대해 성찰했을 것이다. 준비가 됐는데 기회가 오지 않는 안타까운 불행과 준비되지 않았는데 기회가 찾아온 비극적 불행, 이 두 가지 정치적 불행의 관점에서 그는 그 시대의 정치지도자들을 평가했으리라.

우리나라의 역대 대통령들과 대통령 후보들을 이러한 관점으로 평가하면 그 불행의 역사를 이해할 수 있을까? 아니, 나 자신은 어디에 해당될까? 준비한 사람은 기회가 오지 않을 악조건에서도 길을 찾을 수 있고, 결국 길이 열릴 것이란 믿음을 갖기로 했다.

187

새판 짜기

5장

1. 통합의 정치

더민주당은 그 민주당이 아니다

김종인 더불어민주당 대표에게서 전화가 왔다. 닷새 앞으로 다가온 4·13 총선에서 더민주당을 지원해달라는 요청이었다.

"생각해보겠습니다."

그러나 나는 이미 4·13 총선에서 더민주당을 지원하지 않겠다고 생각을 굳힌 상태였다. 그렇다고 먼저 전화를 해서 간곡하게 지원을 요청하는 김 대표의 성의에 대해 그 자리에서 무쪽 자르듯 거절할 수도 없는 노릇이었다. 다음 날 김 대표에게 전화를 걸었다. 정치를 떠나 있는 내가 정계 복귀도 안 한 상태에서 선거판에 나설 수 없다는 뜻을 정중하게 전달했다. 총선에 출마했던 나와 가까운 사람들의 지원 요청마저 물리치

189

는 것은 차라리 고문을 당하는 편이 나을 정도로 괴로웠다.

내가 더민주당을 지원할 수 없었던 이유는 더민주당이 그 민주당이 아니기 때문이었다. 60년 전통의 그 민주당. 대한민국 민주정치의 한 축으로서 이승만 독재정권에서도, 박정희 유신정권에서도, 1980년대 군부독재의 압제에서도 명맥을 이어오며 대한민국의 민주주의를 지켜온 그 민주당. 마침내 수평적 정권 교체를 이루어낸 김대중 대통령과, 권위주의를 청산하고 국민의 눈높이로 내려온 노무현 대통령을 배출했던 그 민주당. 내가 두 번이나 당 대표를 하면서 지키고 통합했던 그 민주당. 내가 2008년에 민주당을 통합하고 김대중 전 대통령을 찾아뵈었을 때 "손 대표는 60년 전통의 정통 야당의 대표입니다. 자부심을 가지세요" 라고 격려해주셨던 그 민주당. 2011년 그 엄청난 고난을 뚫고 야권 통합을 이뤄냈던 그 민주당. 그런데 지금의 더민주당은 더 이상 그 민주당이 아니었다.

국민의당 안철수 대표에게서도 찾아뵙고 싶다는 전갈이 왔다. 4·13 총선에서 국민의당을 지원해달라는 요청일 터였다. 응답하지 않았다.

2011년 12월 11일 오후 10시, 나는 잠실 실내체육관 귀빈실에 앉아 있었다. 비서진과 당직자들의 얼굴에는 긴장감이 잔뜩 배어 있었다. 나는 긴급 당무위원회를 소집해서 통합안을 가결시킨 뒤 전당 대회 행사

나의 목민심서
강진일기

장으로 갈 준비를 하고 있었다. 내가 대표인 민주당과 노무현 전 대통령 지지 그룹이 주축이 된 시민통합당, 그리고 한국노총과 시민사회단체를 하나로 모으기 위한 전당 대회였다. 분열된 야권을 하나로 통합해 대선을 준비하기 위해서 나는 이 전당 대회를 추진했다.

그러나 통합에 반대하는 세력이 전당 대회를 물리적으로 막겠다며 '청년들' 수십 명을 동원한 상황이었다. 야권 통합을 반대하는 세력은 무슨 수로든 내가 행사장에 들어가는 걸 막으려 했다. 하지만 나는 그들을 뚫고 연단에 올라 야권통합을 선언했다. 일주일 뒤인 12월 18일 야권이 공식적으로 통합함으로써 정통 민주당의 법통을 이은 민주통합당, 약칭 '민주당'이 출범했다.

4·13 총선으로 더민주당은 제1당이 됐다. 사실상 김종인 대표가 이끈 승리였다. 안철수 대표의 국민의당도 호남을 석권하면서 또 다른 의미로 승리했다. 두 야당의 승리라기보다 시대정신에 맞지 않는 새누리당의 자멸이었다는 것이 더 정확한 분석이겠지만 의미 있는 선거 결과가 나타났다. 자민련이 해체된 지 10년이 지나서 양당 체제가 무너지고 다시 3당 체제가 만들어졌다. 우리 정치 구조가 바뀌어야 한다는 국민들의 열망이 드러난 것은 분명했다.

어느 언론에선가 '손학규가 더민주당의 선거 지원 요청을 받았더라면 정치 복귀의 명분을 얻었을 텐데, 타이밍을 놓쳤다'는 식으로 논평을 냈다. 그러자 여기저기서 비슷한 내용의 기사들을 썼다. 나의 지지자들 중에도 그런 아쉬움을 이야기하는 사람들이 적지 않았다. 참으로 안타까웠다. 그 사람들은 나의 정치 은퇴 선언문을 제대로 읽어보기라도 했는가. 그 사람들은 내가 선거 공간이라는 어수선한 틈을 노려 정치판에 끼어들고, 혹은 승리했을 때 숟가락 하나 얹어놓는 정치인으로 생각해왔단 말인가. 야권이 '더민주당'과 '국민의당'으로 쪼개져 싸우는데 내가 어느 편을 들어야 했을까. 내가 걸어온 정치의 길은 항상 그 명분이 '통합'이었다. 내 이익을 위해 분열을 이용할 수는 없었다. 이것이 내가 4·13 총선에 나서지 않았던 이유의 전부다.

"우리 정치가 우물에 빠져 미래를 볼 수 없는 답답한 현실 속에 있습니다. 새판을 짜서 국민에게 새로운 희망을 보여줘야 합니다."

이는 총선이 있기 두 달여 전에 러시아 극동문제연구소에서 초청 강연을 마치고 귀국할 때 기자들이 묻는 총선 전망에 대한 나의 대답이었다. 나는 우리 정치가 친박/비박, 친노/비노로 패거리를 만들고서 죽기 살기로 싸우는 이전투구판을 벌이는 것을 경고하고자 했다. 그래서 '우물에 빠진 돼지'에 우리의 정치를 빗댄 것이다. 그런데 언론은 '새판 짜기'만을 대서특필해 유행어로 만들었다.

정치는 국민의 요구를 담아내는 그릇이다. 국민의 분노와 좌절로 그 그릇에 금이 갔으니 새 그릇을 만들어야 한다. 새 그릇을 만들려면 각성과 노력이 필요하다. 나는 그런 뜻을 정치권에 전달하고 싶었던 것이다. 그런데 정작 정치권은 총선에 즈음하여 내가 정계 복귀를 할 것인지, 그리고 정계 개편이 이루어질 것인지에만 관심을 갖고 '새판 짜기'라는 표현에만 민감하게 반응했던 것이다. 4·13 총선의 결과를 자신들의 승리로 치부하는 두 야당들은 국민의 뜻이 무엇인지를 정확히 진단해보려고 하지도 않았다. 물론 자성의 기회도 놓쳤다. 그것이 내 생각이다. 내가 보기에 4·13 총선은 두 야당들의 자기 혁신의 기회였는데, 그들은 스스로 그 기회를 차버렸다.

자료를 정리하다가 보니 '통합'이라는 단어가 유달리 눈에 많이 띄는 메모에 이렇게 적혀 있었다.

다시 일어서야 한다. 우리 국민의 살 길을 밝혀야 한다. 밝혀서 열어주어야 한다. 국민에게 희망을 주어야 한다. 갈라진 국민을 하나로 모으고 화합하게 해야 한다. 성장과 복지를 통합하고, 안보와 평화를 통합해야 한다. 한반도 문제 앞에서는 미국과 중국을 하나로 통합시키고, 동아시아가 한반도를 중심으로 통합하도록 만들어야 한다. 세계와 민족을 통합하고, 자연과 생명이 함께 가도록 해야 한다. 남북이 통합하고, 정치와 국민이 하나가 되는 길을 열어야 한다. 한반도에서 통합의 리더십이 시작돼야 한다.

스스로 구하라

김택환 교수가 선물로 가져온 크세노폰의 『키로파에디아』를 읽었다. 페르시아 제국을 건설한 키루스의 리더십을 다룬 책인데, 매우 재미있게 읽었다.

키루스 리더십의 기초는 정의였다. 공공의 복리를 중시하는 것은 페르시아의 전통이었고, 법으로도 정당한 근거를 갖추고 있었다. 정의는 분배를 기초로 하고, 권리의 평등을 기본 이념으로 하는 개념이었다. 특히 키루스는 자신이 이룬 많은 걸 자신의 아랫사람들이나 제국 건설에 공헌한 친구들에게 나누어주었다. 지도자는 사람들을 돌볼 줄 알아야 한다고 키루스는 말했다. 군인들의 세계에서 장군의 임무는 군대를 먹여 살리는 것이라고 했다.

"네 군대가 보급을 받지 못하면, 너의 권위는 금방 땅에 떨어진다."

키루스는 지배와 복종의 관계는 두려움을 바탕으로 한다고 말했다. 힘의 원천은 호의와 두려움이라고도 말했다. 자기에게 잘해주기를 바라는 마음과, 자기에게 피해를 주지 않을까 하는 두려움을 동시에 느끼게 해야 한다는 것이다. 키루스의 말은 정치 지도자가 경제를 살리지 못하면 권위가 떨어진다는 뜻이기도 하다.

"네가 남에게 호의도 피해도 줄 수 있는 위치에 있음을 충분히 보여줄 때, 네가 하는 말이 더 힘을 갖게 된다."

그렇게 키루스의 아버지는 아들에게 지도자의 자질을 가르쳤다.

내가 이 책에서 매우 흥미롭게 읽었던 부분은 신에게 구하기만 해서는 안 된다는 구절이었다.

그러나 신에게 구하려면 마땅히 자기가 해야 할 일을 먼저 하는 것이 중요하다. 자신이 마땅히 해야 할 일을 하는 사람만이 신의 응답을 받을 권리가 있다. 말을 탈 줄 모르는 사람은 기병 전투에서 승리하게 해달라고 신에게 구할 권리가 없다. 신의 섭리는 정의로운 것이다. 옳지 않은 것을 신에게 구하는 사람은 신의 도움을 받아 성공할 수 없다.

고마웠다. 막연하게 생각했던 개념들을 깔끔하게 정리할 수 있게 한

때맞춘 선물이었다.

경기도지사를 하고, 장관을 하고, 국회의원을 하고, 당의 대표를 하고, 대통령 후보 경선에 나서기도 하면서 내 내면에는 두려움이 있었다. 책임감에 마음이 무겁고, 결정을 내리기 전에 갈등할 때도 많았다. 순간의 내 판단이 우리 사회에 막대한 영향을 미칠 수 있다는 부담감에 짓눌려 결정을 유보하거나 번복하기도 했다. 다뤄야 하는 법안이나 정책의 범위가 지나치게 넓다 보니 전문적인 판단도 필요했고, 정치적인 고려도 해야 했다. 내가 모르는 것이 너무 많다는 것을 깨닫고서 자책하기도 했다.

영화 「명량」을 보았다. 이순신 장군의 말씀이 가슴속 깊이 와 닿았다.

"두려움을 용기로 만들라."

노트북 화면 너머로 보이는 바다에서 이순신 장군이 13척의 판옥선(당시 우리 수군의 주력함)들을 이끌고 무려 10배가 넘는 적 함대와의 전투에 나서는 장면이 생생하게 전개되었다.

"군율은 지엄한 것이다."

자비로운 이순신이 두려움에 떨며 탈영한 병사의 목을 베는 장면이 나왔다. 강인한 리더십이다. 영화적 허구로 재현된 이순신 장군의 모습

나의 목민심서
강진일기

이겠지만, 충분히 그러했으리라 짐작했다. 이순신 리더십에 1000만 관객이 환호할 만했다. 언젠가 토담집으로 나를 찾아온 분들 중에 내게 그런 주문을 한 분이 있었다.

"대표님이 필요합니다. 이순신 장군처럼 백의종군하는 심정으로 세상에 나오세요."

이순신 장군은 벼슬과 직위가 없이 군대를 따라 다시 싸움터로 나갔다. 세상에 나가야겠다는 생각을 하지 않았을 땐 나는 그저 고개만 끄덕거렸다. 지금 세상이 나를 필요로 한다고 토담집을 찾는 사람들의 말에 대해서 말이다. 그런데 이제는 이순신 장군이 백의종군으로 나라를 구하는 일에 나섰듯 나를 버리고 세상에 나갈 것인가?

이제 내게는 사사로운 욕심이 없다. 강진으로 내려올 때 모든 것을 내려놓고 왔기 때문이다. 내가 세상에 다시 나간다면 그것은 오로지 국민들을 섬기기 위함이다. 이순신 장군이 백의종군하는 그런 심정으로 말이다.

나와 아내는 시간이 허락할 때 차를 몰고 드라이브를 다녔다. 그렇게 드라이브를 갔던 곳들 중에도 이순신 장군의 전쟁터와 유적지들이 있었다. 강진에는 총 68킬로미터의 '수군재건로'가 있다. 괴멸상태에 빠진 조선 수군을 재건하기 위해 육지로 이동했던 거리 450킬로미터를 '수군재건로'라고 부른다. 경상남도 진주에서 시작해 전라남도 구례, 곡성, 순천, 보성, 장흥, 강진, 진도, 해남 등으로 이어진 길이었다. 병사들, 무기, 군량, 함선 등을 마련하기 위해 삼도수군통제사로 재임명된 이순신 장군은 이 수군재건로를 다니며 군수물자를 모았다. 그래봐야 처음에는 판옥선 12척, 그리고 나중에 추가된 한 척이 전부였다.

병사들을 수습하고 군수물자를 확보한 이순신 장군은 본격적인 전투 준비에 들어갔다. 조선군 함대가 가볍게 적응 훈련을 했던 마량은 전략적 요충지였다. 보성과 장흥에서 완도와 해남, 진도로 이어지는 서해 뱃길의 중간 지점이기도 했다. 나라와 백성들의 운명이 걸린 대해전을 앞둔 울돌목과도 가까웠다. 이순신 장군이 해상 훈련을 시키면서 바닷물의 흐름을 눈여겨본 것도 이런 연유였다.

이 바닷길은 당시 제주도와 뭍을 연결시켜주는 항로였다. 고려 시대부터 제주도에서 훈련시킨 말을 서울로 보내던 바닷길이기도 했다. 이 바닷길을 통해 마량포구에서 내린 말은 한동안 육지에 적응하는 기간을 거친 뒤 서울로 보내졌다. 마량 일대에 말 마(馬) 자를 쓰는 지명이 많은 것도 이 때문이다. 신마(新馬)는 제주도에서 온 말들을 적응시켰던 지역이다.

마량항은 강진에서 생산한 옹기와 청자를 고려의 수도였던 개경 등지로 수송한 무역항이기도 했다. 강진에서 생산한 농수산물도 오갔다. 여기에 진(陣)이 설치되었는데, 무역선을 약탈하려는 왜구들을 막기 위해서였다. 마량항은 지리적으로도 천혜의 조건을 갖추고 있었다. 바다에서는 고금도와 약산도, 신지도 등 크고 작은 섬들이 마량항의 포구를 이중, 삼중으로 감싸고 있다. 항구 뒤쪽의 뭍에선 말머리산의 능선이 포구를 휘감고 있다. 마량항의 포구 앞에 서서 420여 년 전의 이순신 장군에 대해 생각해보곤 했다.

마량항은 아내와 가끔 들러 식사하는 곳이기도 하다. 바다의 풍광이 미항이라 부르기에 손색이 없는 항구. 청정해역의 방파제를 따라 산책로가 단아하게 놓여 있기까지 하니 낭만적이다. 여기서 고금대교로 연결되는 섬이 완도군의 고금도다. 이순신 장군의 유해는 고금면 덕동리 충무사 앞에 80여 일 동안 안장됐다가 이듬해 충청남도 아산으로 이장됐다는데, 이 당시 이순신 장군의 유해를 임시로 안장했던 터가 월송대다.

물이 빠지자 매생이 양식장이 명확하게 한눈에 들어왔다. 이순신 장군도 마량의 앞바다를 바라보았을 것이다. 나의 사사로운 욕망은 이제 사라져버렸고, 나라와 국민들을 위해 내 한 몸 버리겠다는 각오로 결전을 앞두었던 이순신 장군의 심정이 그대로 느껴졌다. 다산을 아꼈던 정조대왕도 이순신 장군에 대해서 각별했다. 1793년 7월에는 이순신 장군을 영의정으로 추증하고, 1795년 9월에는 『충무공이순신전서(忠武公李舜臣全書)』를 발간하라 명했으며, 이순신 장군의 자손들을 특별 채용하기까지 했다.

이순신 장군이 남긴 말씀 중에 우리 국민들이 가장 좋아하는 말이 있다. 이순신 장군이 백의종군을 하던 동안 조선 수군이 궤멸하고, 그래서 수군을 폐지하자는 주장까지 나오던 절망적인 상황에서 이순신 장군이 조정에 올렸던 보고 중 한 문장이다.

"신에게는 아직 12척의 배가 있사옵니다."

내게는 무엇이 남아 있을까? 그동안 토담집을 찾아온 사람들의 얼굴들이 떠올랐다.

5·18 민주화운동 기념일에는 망월동을 찾았다. 5·18 참배는 내가 해야 할 마땅한 일들 중 하나다. 우물에 빠진 정치인들에게 긴장감을 주고, 국민들에게 희망의 메시지를 전달해야겠다는 생각도 했다. 참배를 마치니 기자들이 나를 둘러쌌다.

"광주는 항상 시작입니다. 각성의 시작이고, 분노의 시작이고, 심판의 시작입니다. 그리고 용서와 화해의 시작입니다. 국민들은 이 모든 것을 녹여내는 새판을 시작하라고 강력히 요구하고 있습니다. 광주의 5월은 바로 그 시작입니다."

조금 전 5·18 묘역에서 묵념할 때 떠오른 생각이기도 했다. 내가 다시 정치를 시작해야 할까? 정치를 다시 한다면 새판 짜기에 앞장설 각오를 해야 한다는 생각도 했다.

온 세상에서 지극히 천하고 호소할 데 없는 사람들이 백성들이다. 그러나 온 세상에서 가장 존엄하고 산처럼 무거운 사람들 또한 백성들이다. 백성들을 떠받들면서 투쟁하면 굴복시키지 못할 것이 없다.

다산은 천해서 어디 호소할 곳 없는 백성들, 힘없는 민중들, 그들이 올바른 정치인과 만나면 어떤 난관도 극복할 수 있다고 말했다. 다산은 정치가 모든 것의 근본이라고 말한 것이다. 정치가 사회적 갈등을 해소하고, 사회 발전에 기여할 수 있도록 정치 체제를 뜯어고쳐야 이 모든 게 가능하다. 그러니까 지금 우리 정치에서 필요한 '새판 짜기'는 사회갈등을 해소할 능력을 상실한 기존의 권력 구조를 혁파하는 것일 수밖에 없다. 그것이 어쩌면 내가 해야 할 마지막 일인지도 모른다고 생각했다.

독일에서 보낸 한 철

나는 2013년 1월 15일에 독일로 날아갔다. 대통령 선거 경선에서 패한 직후 독일 사민당의 싱크탱크인 프리드리히 에베르트 재단의 초청을 받았다. 베를린 자유대학에서도 내게 초청장을 보내왔다. 하지만 출국을 대통령 선거 후로 미뤘다가 그제야 떠났다.

2012년 대통령 선거의 상처가 채 아물지도 않은 어수선한 국내 사정을 뒤로 하고 나 혼자 한가로운 생활을 찾아가는 것 같아서 마음이 편치는 않았다. 내가 대선 후보 경선에서 패하는 바람에 실망과 좌절을 맛본 동지들과 지지자들에게 송구스러웠다. 그러나 나 자신을 돌아보고 대한민국의 앞날을 깊이 있게 모색하는 시간이 필요했다. 그래서 독일행을 택한 것이기도 했다. 대한민국의 미래를 준비하려면 독일에서 배울 것이 많겠다는 생각이었다. 특히 독일 통일의 성공적 사례는 통일의 과제를 안고 있는 우리나라에도 좋은 교훈이 되리라 판단했다.

내가 독일에 도착해서 첫 번째로 느낀 것이 독일은 안정된 사회라는 것이었다. 길거리에 유모차를 밀고 나온 젊은 엄마들의 모습이 인상적이었고, 쇼핑센터나 식당에서 노부부가 여유롭게 물건을 고르고 식사를 하는 모습에서는 그야말로 평화를 느꼈다. 아이 낳고 키우는 것이 행복한 사회, 노후가 편안한 사회, '복지사회란 바로 이런 것이구나!' 하는 감탄이 절로 나왔다. 통일 과정의 어려움을 극복하고, 유럽의 리더로 확고히 자리를 잡은 통일독일의 국제적 위상도 체감할 수 있었다.

집 근처에 여의도보다 3배나 넓은 '그뤼네발트(Grünewald)'라는 큰 숲이 있었다. 이름 그대로 녹음이 우거진 숲이다. 그래서 아내와 함께 거의 매일 산책을 갔다. 내가 산을 좋아해서 등산장비로만 트렁크 하나를 꽉 채워 갔는데, 베를린에서 가장 높은 '산'이 110미터밖에 안 된다고 해서 얼마나 실망이 컸던지. 그 산이 그뤼네발트 안에 있어서 110미터짜리 등산을 거의 매일 했다.

배낭을 메고 자전거로 바람을 가르며 학교에 가노라면 젊음을 되찾은 듯했다. 베를린 전역은 자전거 도로망이 안전하게 잘 깔려 있고, 자동차들은 자전거에 무조건 양보하는 교통질서가 확립돼서 자전거를 이용하는 사람들의 수가 엄청나게 많다.

독일 사람들은 근검절약이 생활화된지라, 한겨울 집에서도 내복과 스웨터를 입지 않으면 견디기 어려울 정도로 낮은 실내온도를 유지했다. 내가 살던 아파트도 난방이 시간에 맞춰서 들어왔다 나갔다 했다. 밤이 되면 난방이 꺼져서 책을 볼 때는 내복은 물론 파카를 뒤집어써야 했다. 독일의 에너지 정책을 직접 체험하는 공부를 한 셈이다.

203

에너지 정책의 양대 근간 중 하나는 에너지 생산이고, 또 하나는 에너지 절약이다. 독일에서는 에너지 생산을 국가가 태양광이나 풍력 같은 재생에너지 개발 등으로 책임지고, 에너지 절약은 국민들의 자발적 참여로 달성하고 있었다. 천연자원이 부족한 독일에서 후쿠시마 원전사고 이후 가장 먼저 탈원전 정책을 선포할 수 있었던 것은, 재생에너지를 적극적으로 개발하고 있는 데다 국민들도 에너지 절약 실천이 몸에 밴 덕이었다.

하루는 독일 북부 슐레스비히-홀슈타인 주에 있는 디르크스호프(Dirkshof)라는 풍력발전단지를 방문했다. 이 단지는 디르크 케텔젠이라는 농부가 1990년에 200킬로와트짜리 소형 풍력발전기를 세우면서 시작되었고, 지금은 2메가와트짜리 대형 풍력발전기 70개를 돌리는 대규모 풍력발전단지가 되었다. 이 단지의 특징은 마을 주민 240가구 전원이 풍력발전소의 투자자로 참여하고 있는 것이다.

흔히 대규모 건설 사업은 외부의 대기업이 들어와서 이익은 독차지하고 주민들에게는 피해만 주기 때문에 반발과 불만을 사는데, 이곳은 주민들이 주주가 되어 이익이 그들 자신에게 돌아가게 하고 있었다. 그러니 주민들의 참여와 협조로 풍력발전 사업이 성공할 수 있었다.

재생에너지는 독일의 새로운 성장동력이기도 하다. 브레멘의 항구

나의 목민심서
강진일기

도시인 브레머하펜에서 프라운호퍼 연구재단의 풍력발전연구소와 개인 기업의 풍력발전 산업 시설을 견학했고, 라이프치히에서 열린 바이오 박람회도 참관했다. 독일의 재생에너지 분야는 이미 37만 개의 새로운 일자리를 창출했다. 즉, 새로운 성장동력으로, 기술 발전의 원천으로 빠르게 성장하고 있었다. 독일은 이렇듯 에너지 대전환의 역사를 만들고 있었다. 기후 변화에 대응해서 온실가스 배출량을 줄이고, 체르노빌과 후쿠시마 사태를 보면서 탈원전의 시대로 가야 한다는 에너지 비전에 대해 국민적 공감대를 형성했다.

독일에서는 국민들이 정부를 신뢰할 수 있기에 한국보다 4배나 비싼 전기요금을 내면서도 원자력발전소 폐지에 대한 사회적 합의를 이룰 수 있었다. 독일은 제조업 중심의 공업 국가다. 지멘스와 폭스바겐 등 우리나라 대중들에게도 익숙한 기업들이 많고, 철강 전문 기업인 티센 사와 합병해 '티센크루프'가 된 크루프 사는 대한제국군도 도입했던 현대적인 대포를 만든 유서 깊은 회사다.

그런 나라가 전력의 20퍼센트를 충당하는 원자력 발전소들을 2022년까지 완전히 폐기하고, 2015년 현재 전력생산의 32퍼센트인 재생에너지 비중을 2050년에는 80퍼센트까지 늘릴 것이라고 한다. 또한 에너지 효율화를 통해서 2050년까지 에너지 수요를 50퍼센트 감축하는 계획

205

도 세웠다. 한국보다 인구가 1.7배나 많은 독일이 2020년대에는 에너지 절대소비량이 한국보다 적어지고, 2030년에는 독일의 1인당 에너지 소비량이 한국의 반 이하로 줄게 될 것이라는 말이다. 우리가 더욱 심각하게 관심을 기울여야 할 에너지 대책인 것이다.

공동체 정신은 정부와 국민들 사이에 신뢰가 자리를 잡고 있어야 가능하다. 노사 관계도 마찬가지다. 독일에서 가장 인상적이었던 면담이 전국사용자협회(BDA, 한국경영자총협회에 해당) 회장 디터 훈트 박사와의 만남이었다.

"나는 강력한 노조를 원합니다."

훈트 박사의 말인데 정말 놀라웠다. 독일의 노사 관계는 기본적으로 지역별·산업별 노조와 상대방 사용자협회의 사이에서 이루어지는 단체 협약을 바탕으로 한다. 그런데 협상의 한쪽 당사자 대표가 상대방이 강력하기를 원하는 것이다. 도무지 믿기 어려운 일이었다. 그것은 노조도 마찬가지였다. 독일노총(DGB) 국제국장 프랑크 자흐 씨도 마찬가지로 자기들은 강력한 힘을 가진 사용자 단체를 원한다고 말했다. 상대방 협상 당사자가 내부적으로 강력한 힘을 가져야 협상의 실효성이 높아진다는 뜻이었다. 사회적 안정과 신뢰 사회의 실체를 보는 느낌이었다.

함께 사는 사회에 대한 믿음과, 이에 대한 공동 대처가 상식화된 사회였다. 직업 교육을 받고 사회에 나가는 청소년들에게는 '나는 학문적 재능이 없어서 대학에 못 가지만, 대학 가는 엘리트들이 우리 사회를 좋게 발전시켜줄 것'이라는 믿음이 있고, 대학을 나온 엘리트들도 '직업 교육을 받고 사회에 진출한 고졸자들도 나와 똑같이 사회에 공헌하는 만큼, 경제적으로나 인격적으로 평등한 대우를 받을 권리가 있다'는 인식을 공유하는 것이다. 이러한 공동체의식이 독일 사회 통합의 핵심이다.

공동체 의식은 독일의 통일 과정에서도 중요한 역할을 했다. 서독은 동독을 우월한 위치에서가 아니라 동등한 입장에서 상대방의 존재를 인정하면서 교류하고 협력했다. '흡수 통일'이라는 생각은 애초에 없었다. 빌리 브란트 수상의 동방 정책을 실질적으로 입안하고 실행한 에곤 바르가 말한 '접촉을 통한 변화'는 이러한 공동체 의식에서 가능했던 것이다.

우리나라도 북한의 존재를 인정하고 평화적으로 공존하면서, 민족 공동체의 일원으로 같이 성장하고 번영하며 접촉을 통해 변화의 기회를 찾는 것, 이것이 장기적인 통일의 바탕이 되지 않을까? 이것이 내가 추구해 온 남북 평화 협력의 길이었고, 우리가 겪고 있는 경제적 어려움을 타개할 수 있는 길이라는 생각이다.

독일이 이렇듯 사회적 통합을 훌륭하게 이룰 수 있게 해준 가장 큰 동력도 정치에서 만들어졌다. 1949년에 서독 정부가 수립된 이래 역대 서독 총리는 불과 여덟 명뿐이었다. 그만큼 서독의 정치적 안정이 놀라운 수준이었음을 알 수 있다. 그러나 이 또한 불안정해 보이는 연립정부 체제하에서 이루어졌다. 만약 '다양성의 통합'이라는 개념이 없었더라면 서독의 정치권도 대한민국 못지않았을 것이다.

서독 정치인들은 독일 사회에 존재하는 다양한 이해관계들을 인정하고 그들의 활동 공간을 허용하면서, 통일된 사회 목표를 지향했던 것이다. 각기 다른 이념과 정책을 가진 여러 정당들이 한 정부에 동거하면서 다양한 사회적 이해관계를 하나로 녹여내는 독일 정치를 잘 설명하고 있다. '다양성의 통합'이야말로 우리가 독일에서 배워야 할 한국 정치의 미래일 것이다.

제7공화국

바이마르는 독일 중부 지방의 작은 도시다. 18~19세기 독일 철학의 중심이자 고전 문학의 메카로, 괴테, 쉴러, 리스트, 니체 등이 활동했던 문화 도시다. 관광객이 많은 것도 이 때문이다. 그러나 나의 관심은 바이마르 헌법과 바이마르 공화국이었다.

독일 제국이 무너지고 황제가 쫓겨난 뒤인 1919년 8월 18일에 바이마르 헌법이 제정·공표된 국민의회가 열렸던 역사적인 장소가 바이마르의 국립극장이다. 나는 역사적 현장을 방문한다는 생각을 하면서 갔는데, 그곳은 지금 단체관람객들이 입장을 기다리는 문화공연장일 뿐이었다.

건물의 한쪽 귀퉁이에 붙어 있는 1919년 8월 18일 '독일 헌법이 선포된 곳'이라는 동판이 이 건물이 어떤 곳인지를 알려주었다. 관광객들은 그런 역사적 사실에 관심도 없었다. 우리 일행이 사진을 찍는 것을 보고 청년 한 사람이 다가와 자기도 사진을 찍은 것이 전부였다.

결국 히틀러와 나치스가 1933년에 집권함으로써 바이마르 공화국은 실패했다. 그 실패 때문에 바이마르 헌법의 정신마저 제대로 평가받지 못하는 것 같아 안타까웠다. 바이마르 헌법의 역사적 의미를 되돌아보고, 바이마르 공화국이 왜 실패했는가를 평가하는 것 모두 소홀히 하면 안 된다는 게 내 생각이다.

제1차 세계대전이 독일 제국의 패배로 끝나고, 그 후 일어난 혁명으로 제정이 붕괴된 뒤 독일에는 민주주의 정부인 바이마르 공화국이 수

립되었다. 그때 만들어진 바이마르 헌법은 독일 민주주의의 기초가 되었다. 바이마르 헌법은 19세기적인 자유주의 이념과 20세기적인 사회 국가의 이념이 조화를 이룬 20세기 현대 헌법의 전형이 되었다. 독일 기본법이 규정한 사회적 시장경제의 원형을 바이마르 헌법이 제공한 것이다. 자유주의의 토대 위에서 재산권의 공공성과 생존권의 보장을 헌법에 명기함으로써 국가의 공동체적 성격을 규정한 것이다.

문제는 바이마르 공화국의 불안정한 구조였다. 극우파와 극좌파가 대립하던 상황에서 바이마르 공화국 정부는 효과적인 리더십을 행사하지 못했다. 설상가상으로 1929년에 세계 대공황까지 벌어지자 극심한 인플레이션과 대량 실업이 벌어지면서 정권 유지마저 불가능해졌다. 이런 상황을 히틀러와 나치스가 이용하면서 바이마르 공화국은 몰락했다. 4·19 혁명이 가져온 대한민국의 민주주의가 5·16 쿠데타에 뭉개지고, '서울의 봄'마저 1980년 5월 18일 광주에서 군홧발에 짓밟힌 것과 비슷했다.

1987년 6월 항쟁으로 대한민국 제5공화국은 종지부를 찍었다. 6·29 선언 후 정치권이 주도하여 5년 단임의 대통령 직선제를 주요 내용으로 하는 개헌을 했다. 야권은 DJ와 YS로 분열하였고, 6월 항쟁의 대상이었던 세력이 내세운 노태우가 대통령에 당선되면서 대한민국 제6공화국이 시작됐다.

　그 개헌이 된 지 29년이 흘렀다. 그동안 이 헌법은 여섯 명의 대통령을 배출했다. 대통령들 개개인의 철학과 역량의 문제도 있겠지만, 모든 대통령들에게서 권력 구조의 문제가 공통적으로 나타났다. 대통령의 제왕적 권한과 국회의 견제 기능이 제대로 작동하지 못해서 생기는 정치적 불안 말이다.

　제6공화국 이전에는 대통령이 여당을 통해서 국회를 지배하며 제왕적 권한을 행사했다. 그런데 민주화 이후에는 대통령이 국회를 효과적으로 지배하지 못하고, 국회는 행정부를 제대로 견제하지 못하면서 국정에 혼란이 야기되었다. YS와 DJ 이후에는 대통령이 여당을 장악하지도 못했다. 국무총리 임명권은 국회의 인준 절차에 걸려 정부 구성이 늦어지기 일쑤였다. 국무총리의 장관 제청권은 애당초 사문화됐고, 대통령은 선거 과정에서 기여한 공신들에게 자리를 나눠주는 게 일상화되었다. 현재와 같은 승자독식의 권력 구조에서는 야당은 대통령과 정부에 반대하면서 여론을 등에 업는 길만 찾는다. 이 때문에 정치적 불안이 형성될 수밖에 없고, 국회는 정치싸움판이 될 뿐이다.

　여기에 여소야대 정국까지 만들어지면 대통령과 국회가 불협화음을

211

일으키면서 국정은 표류하게 된다. 대통령 임기 5년보다 훨씬 짧은 기간에만 권력이 집중되고, 곧이어 레임덕 프레임에 갇히는 현상이 지난 30년 반복되었다. 87헌법은 이제 담아내지 못하는 낡은 그릇이 된 것이다.

'제6공화국 체제'가 부추겨온 승자독식-패자전몰의 극한 정쟁이 지속되면서 대결과 증오는 정치 공간을 넘어 국민들의 분열로까지 이어졌다. 이러한 정치 체제로는 더 이상 대한민국의 미래를 감당할 수 없다. 우리 국민을 통합시킬 수 있는 새로운 정치 체제가 필요하다는 말이다. 그 정치 체제는 '합의제 민주주의'다. 합의제 민주주의는 갈등이 없는 사회를 목표로 하는 정치 체제가 아니다.

산업화와 민주화를 거친 이 복잡한 현대 사회에서 각종 이해관계가 얽히고, 그로 인해 사회 갈등이 일어나는 것은 너무나 당연하다. 문제는 사회 갈등이 아니라, 그 갈등을 조정·관리할 정치 시스템이다. 합의제 민주주의의 목표는 이렇듯 다양한 사회 갈등들을 잘 제어하여 사회 통합을 이루는 정치 시스템을 만들자는 것이다. 그러기 위해서는 합의제 민주주의를 가능하게 하는 권력 구조를 제도적으로 완성해야 한다. 이 때문에 헌법 개정이 필요하다. 즉, '제7공화국'을 열어야 한다.

여름에 접어들면서 우리 사회의 원로들을 만나 개헌에 대해 대화를 나누었다.

이홍구 전 총리는 개헌에 매우 강한 집념을 갖고 있었다. 87년 체제는 종말을 고했다고 말했다. 내각제냐, 이원집정부제냐는 아직 정하지 못했다고 한다. 내년 봄까지 개헌이 되지 않으면 대선 후보들로부터 '헌법 지키기 약속'을 받아내는 운동을 전개하겠다고 했다. 적어도 국무총리의 제청권만이라도 확보하자는 의도인 것 같았다. 나에 대한 국민의 관심이 높으니 과감하게 나서라고도 말했다.

이수성 전 총리도 분권형 이원집정부제에 관심을 보였다.

조선일보의 김대중 주필은 나 자신을 버리고 나라를 위해 개헌에 앞장서라고 충고했다. 이번이 기회라는 말도 했다. 분권형 개헌이 바람직하지만, 이원집정부제와 내각제 중 어느 것이 더 좋은지는 모르겠다고 말했다. 개헌은 대선 전까지는 끝내야 한다는 입장이었다. 그의 말 하나하나가 논리적이었다.

김종인 대표를 만나니 8월 27일 더민주당 전당 대회 이후 대표에서 물러나면 개헌운동을 본격적으로 할 계획이라고 했다. 내각제를 더 긍정적으로 보고 있다는 느낌을 받았다.

강진 토담집을 방문한 박원순 시장에게 개헌에 대한 의견을 물었더니 원론적인 이야기만 했다. 개헌의 가능성을 그다지 높게 보는 것 같지

5장 새판 짜기

않았다.

개헌을 정치적인 목적으로 이용해서는 절대 안 된다는 게 나의 생각이다. 개헌은 정치 문제가 아니라 국가 문제다. 그러니 1987년 개헌처럼 정치권만의 합의에 의해 진행해서는 안 된다. 요즘 같은 민주화 시대에는 그렇게 할 수도 없을 것이다. 그러나 이제 권력 구조의 개편은 불가피해 보인다.

권위주의 시대에는 대통령이 여당을 통해 국회를 지배했으나, 민주화가 진행되면서 대통령과 국회 간 권력의 불합치가 표면화되었다. 이러한 권력의 불일치를 합리적인 관계로 조정해야 하는 것이 권력 구조 개편의 핵심이다.

개헌은 다음 대통령 선거에 나서는 후보들이 선거 공약으로 내걸고, 취임 후에 바로 추진하는 것이 현실적으로 가능한 일이라고 본다. 개헌을 대선에 이용한다는 오해도 피하고, 대선에 자신 없는 사람들이 내각제를 추진하려 한다는 오해도 피해야 한다. 차차기 대선을 준비하는 잠재적 대선 후보들의 반발도 피해야 한다. 국회의원들 중 다수는 내각제를 선호하지만, 대통령은 국민들이 직접 뽑아야 한다는 국민적 정서도 무시할 수는 없다.

권력 분산을 위한 효과적이고 합리적인 정치 구조를 찾아야 한다. 제왕적인 대통령중심제가 더 이상 정치적 안정을 가져다주지 못하기 때문이다. 우선 다음 대통령이 책임총리를 약속하고, 개헌 때까지 이를 실천하면 된다. 이것은 현행 헌법으로도 가능하다. 국회의 국무총리 인준권을 대통령은 헌법대로 시행하고, 또 대선 후보도 이를 공약으로 약속하면 된다. 그리고 현행 헌법이 총리에게 쥐어준 권한인 '각료제청권' 등을 준수하면 권력의 분산도 자연스레 이루어질 수 있다.

헌법을 바꾸기 전에라도 국회 의석수의 구성에 근거하여 야당과 실질적인 연정을 하는 것도 한 방법이다. 이렇게 할 수 있다면 개정된 헌법의 효력이 다음 대통령 임기가 끝난 후에 시작되는 여유도 가질 수 있다.

문제는 다음 대통령이 이러한 의식을 가지고 있느냐다. 대한민국이 제7공화국으로 가기 위해서는 준비된 대통령이 필요한 이유기도 하다.

2. 다시 저녁이 있는 삶

진보경제

내 저술 작업 계획은 『신경세유표』를 쓰는 것이었다. 다산의 저서가 많지만, 내가 가장 높이 평가하는 책은 『경세유표』다. 『경세유표』는 처음에 『방례초본』이라고 이름을 붙였다가 뒷날 『경세유표』로 바뀌었다.

'경세'는 나라를 다스린다는 뜻이다. '유표'의 의미는 좀 복잡하다. '유표'에서 '표'는 임금이나 나라에 제출하는 정책건의서라고 볼 수 있다. 그런데 '유(遺)'는 좀 비장한 의미를 지니고 있다. 다산은 유배 생활을 하는 사람이라 정책건의서를 제출할 자격이 없었다. 그래서 '유언'으로 남겨 자신이 죽은 뒤에라도 국가 정책에 반영되기를 바라는 마음에서 '유'라는 글자를 넣은 것이다. 그러니까 『경세유표』는 '유언으로 남기는 나라를 위한 정책건의서'라는 뜻이다.

내가 『신경세유표』를 쓰겠다는 마음 역시 똑같다. 내가 죽은 뒤에도 이 나라를 위해 유용하게 쓰일 책을 남기겠다는 각오였다. 내 정책비전서라고도 할 수 있는 『신경세유표』 작업이 많이 진척되었을 때, 후속 작업으로 예정했던 이 책 『강진일기』를 먼저 출간하기로 계획을 바꿨다.

지난 2012년 대선을 앞두고, 내가 대통령이 되면 국민들을 위해 무엇을 할 수 있는가를 나 자신에게 물었다.

과연 나는 국민을 잘살게 해줄 수 있을까?

과연 나는 모든 가족들이 저녁이 있는 삶을 누리게 할 수 있을까? 그래서 부모와 자녀들이 편하게 대화를 나누는 가정을 선사할 수 있을까?

과연 나는 젊은 주부들이 자아를 실현하면서 행복하게 아이를 낳고 키울 수 있는 사회를 만들 수 있을까?

과연 나는 아이들이 학교 가는 것을 행복해하고, 청년들은 자유롭게 꿈을 꾸면서 마음껏 미래를 설계하게 할 수 있을까?

과연 나는 나라에 위기가 닥쳤을 때 국민들의 삶을 지켜줄 비전이 있는가?

그 비전을 현실로 만들기 위해 어떤 정책, 어떤 대안이 있는가?

217

그래서 이 손학규는 대한민국을 어떤 나라로 만들겠다는 것인가?

일단 사회 통합을 목표로 경제정책 패러다임을 바꾸는 것에서부터 출발해야 한다고 생각했다.

대한민국의 산업화는 박정희 대통령이 주도한 경제 개발 5개년 계획으로 본격화됐다. 산업화는 성공했고, 우리나라는 세계에서 가장 가난한 나라들의 대열에서 벗어나 세계 경제 10위권에 오를 수 있었다. 그 산업화를 성공시킨 경제 정책의 근간은 대기업 중심의 성장 모델이었다. 그러나 반세기 넘게 지속되어온 이 성장 모델이 만든 산업화의 그늘이 지금 우리 사회를 뒤덮고 있다.

우리나라의 대기업은 대개 수십 개 혹은 수백 개의 중소기업들과 관계를 맺고 있다. 중소기업들은 대기업을 '고객사'라 부르며 설비, 부품, 용역 등을 제공한다. 대기업은 중소기업들을 '협력업체'라 부르며 긍정적인 측면에서만 보자면 보호, 관리, 상생한다. 이러한 중소기업들 중 상당수는 말이 좋아 협력업체지 실제로는 하청업체나 마찬가지다. 이 하청업체들도 각자 재하청업체들을 거느리고 있고, 재재하청업체도 있다.

이러한 산업 구조는 경제 양극화라는 구조적 모순을 이미 품고 있다.

나의 목민심서
강진일기

이러한 구조적 모순이 다시 구조적 악순환을 만들어낸다. 그중 하나가 청년 실업 문제다. 일단 정규직과 비정규직의 임금 격차와 근로 조건 차이가 비교할 수 없을 정도로 크다. 그러니 청년들이 정규직에 취업하기 위한 '스펙'을 쌓기 위해 대학교에서 졸업하지 않고 버티거나, 졸업하고도 실업 상태로 버틴다.

청년 실업은 소득 양극화를 심화시킨다. 물려받은 '흙수저'가 이미 사회 양극화를 만들고 있는 상황에서 구조적 모순 때문에 새로 '흙수저'가 탄생하고 있는 것이다. 우리 사회의 고용 불안에서 벗어나겠다는 청년들의 몸부림이 수십 대 일, 수백 대 일의 공무원시험 경쟁률로 나타나고 있다. 이러한 구조는 젊은이들이 결혼을 못 하고, 결혼을 하더라도 아이를 낳는 것을 회피하는 사회 문제의 악순환으로 이어진다.

우리 경제의 악순환 구조를 바꿀 수는 없는가? 그래서 국민들 한 사람 한 사람이 행복해지는 사회를 만들 수는 없는가? 이 질문에서부터 나의 '진보경제'라는 개념이 시작됐다. 진보경제는 어렵고 힘없는 사람들에게도 똑같은 기회가 주어지고, 개천에서 용이 날 수 있으며, 그늘 아래에서 살아도 쨍 하고 해 뜰 날을 볼 수 있다는 희망을 주는 경제다. 진보경제는 경제성장의 결과를 온 국민들이 공평하게 나누고, 이것이 다시 경제 성장의 동력이 되는 선순환 구조에 기반을 둔다.

지금까지 보수 진영에서 주도해온 경제 성장 방식은 자유방임형 시장경제, 특히 미국식 신자유주의를 모델로 한 것이다. 규제를 덜 하는 작은 정부와 민영화를 강조하고, 수출을 주로 하는 대기업들이 잘 되면 경제 전 분야가 잘 돌아갈 것이라는 믿음에 기초한다.

시장 논리에 따라 자원과 소득을 분배하다보면 '보이지 않는 손'에 의해 가난한 사람들의 삶도 개선된다는 믿음도 이를 기반으로 한다. 소위 '낙수 효과'도 이런 논리에 기초하고 있다. 이 거짓된 경제 구조를 깨자는 것이 진보경제다.

IMF 사태 이후 미국식 신자유주의로 급선회한 결과 지표상의 성장 효과는 있었지만, 경제 양극화라는 심각한 문제가 나타났다. 2012년 기준 우리나라의 양극화는 미국 다음인 세계 2위를 기록했다. 우리나라의 경제적 상위 10퍼센트가 전체 소득의 45퍼센트를 차지하는 것이다. 우리는 이런 데이터를 현실의 삶에서 보고 듣고 느낀다. 서민 경제는 파탄 지경까지 왔다. 한 가구당 빚이 2,400만 원이다. 청년 실업률이 10퍼센트를 넘었다. 국민들 중 대다수가 불행해지는 이런 식의 성장은 분명 잘못된 것이다. 누구를 위하고 무엇을 위해 경제 성장을 이뤄야 하는가라는 목적의식을 잃어버린 것이다.

이제 더 늦기 전에 경제 패러다임을 새로 설계해야 한다. 지금까지의 경제 발전이 소수자에게 독점되고 그들의 발전에만 기여해왔다면, 이제는 공동체가 같이 경제 발전의 수혜를 보고 공동체가 같이 성장에 기여하는 경제가 되어야 한다. 중산층의 회복이 우리 경제의 목표가 되어야 한다. 그것이 진보경제인 것이다. 사회가 끊임없이 진보하는데, 경제도 앞서서 나가지 않으면 안 된다는 말이다.

앞으로 우리에게는 엄혹한 경제적 시련이 닥쳐올 것이다. 우리에게 놓여 있는 저성장 기조를 어느 누구도 막지 못할 것이다. 우리 경제는 이미 2퍼센트대의 성장을 기록하고 있다. 대우조선 사태와 한진해운 사태에서 보듯이 중후장대산업 위주의 성장은 이미 끝난 것이다. 우리나라 경제의 근본적인 구조 조정이 필요한 시대가 도래했다.

우리 경제는 박정희 시대 이후 '재벌'이라는 대기업 중심으로 성장했다. 하지만 더 이상 대기업만으로는 경제 성장이 불가능하다는 사실을 누구나 잘 알게 되었다. 그러니 대기업 중심의 경제 지배 구조를 바꿔야 한다. 튼튼한 중소기업이 경제를 뒷받침해야 한다. 중소기업의 기술력이 우리 경제를 받쳐주어야 한다. 기초과학기술의 발전도 있어야 한다. 대기업 중심주의를 뛰어넘어 창의적인 중소기업들이 만들어내는 신기술이 뒷받침하는 경제, 이것이 진보경제다.

복지는 진보경제의 핵심적 과제다. 앞으로 닥쳐올 경제 위기에서 가장 큰 피해를 볼 계층이 서민과 소상공인, 노인, 청소년, 어린이들이다. 자활 능력을 잃은 서민들의 구매력을 높여주는 것은 결과적으로 사회적 수요까지 늘려줄 것이다. 미국의 프랭클린 루스벨트 대통령의 뉴딜 정책이 그랬듯이 이것은 사회적 생산성을 높이는 지름길인 것이다. 복지에는 항상 재정적 부담이 따른다.

그러나 우리는 이제 좀 더 과감하게 복지 정책을 추진해야 한다. 세제 개편을 통해 상위소득자들이 복지 확대와 사회 통합에 적극 참여하도록 해야 한다. 그들에게 복지의 증대가 생산을 확대한다는 믿음을 주어야 한다. 내가 민주당의 대표로 있던 2011년, 민주당의 기본 정책으로 채택했던 보편적 복지를 더욱 적극적으로 내세워 경제의 선순환을 이뤄내야 한다.

복지는 사회 통합의 1차적 관건이다. 독일의 복지 제도가 보수 우파의 거두인 비스마르크에 의해 도입된 것을 주목할 필요가 있다. 비스마르크는 노동자들을 위한 복지가 사회 통합의 가장 중요한 요소임을 일찌감치 간파했다. 그래서 1883년부터 산업 재해와 질병·노후에 대비한 보험을 포괄하는 사회보험 제도를 도입했다.

전국언론노조 김환균 위원장이 책을 한 권 보내왔다. 원래 강진 태생의 언론인인 그는 얼마 전에 토담집을 다녀가면서 언론 자유와 나라에 대한 걱정을 많이 하던 분이다. 그가 보내온 책은 『우리의 당연한 권리, 시민배당 – 기본소득으로 위기의 중산층을 구하다』였다. 저자인 피터 반스는 이 책에서 중산층의 몰락을 목도하면서 그에 대한 해결책으로 공유재 시민배당으로서의 기본소득을 제안했다. 피터 반스는 이 책을 통해 공유재 시민배당이 어떻게 중산층을 살리고, 승자독식 자본주의가 아닌 모든 사회 구성원들이 존중받는 균형 잡힌 자본주의로 나아갈지, 그 해법을 기본소득에서 찾고 있다.

기본소득은 모든 국민들에게 소득에 관계없이 똑같이 기본생활비를 나눠주는 보편적 복지 제도다. 이는 내가 2012년 대선을 준비하면서 한신대학교 강남훈 교수로부터 교육받았던 개념이기도 하다. 그때는 그렇게 절실하게 와 닿지 않았다. 그러나 지금같이 인공지능(AI)과 같은 4차 산업혁명이 눈앞에 다가오면서 일자리가 현저하게 위협받는 상황을 생각하면 기본소득 제도는 적극 검토되어야 하고, 또한 단계적인 도입이 추진되어야 할 우리의 과제가 된 것이다.

대기업 위주의 국가 경제를 개혁하여 중소기업을 키우고, 복지 제도의 확충을 통해 국민 생활을 안정시키며, 이를 바탕으로 일자리와 사회적 수요를 확대하면서, 새로운 성장동력 확보를 통해 국민 경제의 골간을 튼튼히 해서, 중산층이 나라의 중심을 이루는 경제 구조, 이것이 우리가 추구해야 할 진보적 성장이고, 이것이 경제 구조의 '새판 짜기'인 진보경제다.

저녁이 있는 삶을 만드는 나라들

강진에 오기 전까지는 경제와 복지, 사회와 정치, 안보와 통일 등 우리 사회의 전반적인 과제에 대해 대학 교수들 및 전문가들과 함께 매주 토요일마다 공부를 했다. 그러나 책을 통한 공부만으로는 부족하다는 생각을 항상 했다. 공부 모임에 참여했던 전문가들은 늘 다른 나라의 경험과 사례를 말했다. 나도 직접 가서 보고 듣고 배우고 싶었다. 내가 구상하는 사회는 현실적으로 가능할지, 우리나라에 적용 가능할지 눈으로 직접 확인하고 싶었다.

그래서 몇 해 전에 유럽 몇몇 나라로 정책 여행을 다녀왔다. 경제는 물론 복지, 노동, 의료, 교육, 협동조합에 대한 그들의 경험을 공부하고 싶었다. 나는 진보경제와 새판 짜기 등 우리나라가 당면한 문제들을 풀

기 위해서 작지만 강한 유럽 나라들의 실험과 성과를 다시 한 번 들여다
보려고 했다. 이는 아마 오늘을 대비한 정책 투어였는지도 모른다.

첫 번째로 방문한 나라는 네덜란드였다. 나와 일행이 네덜란드의 암
스테르담에 도착한 건 새벽 2시 30분이었다. 나는 12시간의 비행 시간
내내 네덜란드에서 살펴봐야 할 주제들에 대해 책도 읽고 검토도 했다.
방문의 주제는 '노동'이었다. 경제사회협의회(SER), 노동재단, 노총(FNV)
관계자들과 만나 정규직 근로자와 비정규직 시간제 근로자의 동등한 처
우에 대한 성공담과 사회 협약 모델 정착의 조건 등에 대해 들었다.

"네덜란드 사람들은 혁명을 원하지 않습니다."

노동재단 사무총장 야니 모런 씨는 그렇게 말했다. 사용자의 노동 시
간 단축과 정부의 사회 보장 확충을 약속받은 뒤 노조가 임금 동결을 수
용하는 사회 협약의 바탕이 여기에 있었다. 네덜란드는 이렇듯 노·사·
정 협의 체제로 높은 복지 수준, 고용, 경제 발전을 이룩한 나라였다. 연
금 수급 연령 문제로 노·사·정 협조가 흔들리고, 재정 긴축 문제로 연정
이 깨지고는 있지만, 별로 걱정을 하지 않았다. 그들은 대화와 협력을 바
탕으로 한 통합의 저력을 믿기 때문인 듯했다. 부러웠다.

네덜란드에 다녀왔다는 걸 인증한 사진이 딱 한 장 있다. 차를 타고

이동 중에 멈춰 서서 튤립밭을 배경으로 찍은 사진이다. 튤립의 나라 네덜란드. 그러나 그 튤립은 네덜란드 사람들에게는 돈이었다. 지평선 끝까지 그 넓은 들판을 덮고 있는 각양각색의 튤립들은 꽃만이 아니라 그 뿌리도 팔기 위한 것이라는 설명을 들었다.

스웨덴 방문의 주제는 '복지'였다. 크랍플라 어린이 보육센터에서 스웨덴의 복지 시스템이 구체적으로 어떻게 작동하는지 살펴보고, 운영 현황에 대해 교장 선생님으로부터 설명도 들었다. 날씨가 꽤나 쌀쌀했는데 아이들이 밖에서 놀며 땅바닥에 뒹굴고 있었다. 옷에는 흙과 얼룩이 묻어 있는데 누구 하나 개의치 않았다. 스웨덴 교육장관과 청소년장관을 역임한 사민당의 레나 할렌그렌 의원과 이야기를 나누었다. 그녀의 말은 단호했다.

좋은 복지 시스템이 없다면 사람들은 일을 할 수 없습니다. 예컨대 어린이 보육 시스템이 없다면 부모는 일하기 어렵습니다. 그러면 그 나라의 경제는 성장하지 못합니다. 새로운 직업들의 혁신을 관리하지 못하면 좋은 복지 시스템을 유지할 수 없습니다. 복지와 일자리의 선순환이 필요하고, 또 복지 시스템의 부분적인 개선은 필요하지요. 하지만 우리

스웨덴은 복지 국가를 지향하는 것은 바꾸지 않을 겁니다.

스웨덴 전국노동자총연맹(LO)을 방문해서 복지 문제와 '동일 노동 동일 임금 정책'을 성공시키기까지 극복해야 했던 난관과 극복 과정 등 노동 관계 전반에 걸쳐 토론 시간을 가졌다.

그다음으로 방문한 나라는 핀란드였다. 핀란드는 세계적인 경쟁력을 갖춘 창의 교육의 나라다. 라또까르따노 기초학교에서 직접 현장 학습도 지켜보면서 협력과 자율을 바탕으로 한 창의 교육이 진행되는 현장을 체험했다. 교실마다 각양각색의 수업이 진행되고 있었는데, 학교 자체가 하나의 커뮤니티이자 커다란 놀이터 같았다. 실습 교육 현장도 견학하면서 학생들의 이야기도 들어봤다.

얼마 전 우리나라 청소년들의 행복지수가 최하위 수준이라는 뉴스를 보았는데, 핀란드 학교에서의 자유분방한 수업 태도나 아이들의 창의력을 이끌어내기 위한 교육 방식이 너무나 부러웠다. 핀란드 교육청을 방문해서 핀란드형 교육 제도에 대한 설명을 들었다. 보좌관인 콜마리 박사는 대학교까지 무상 교육을 실시하는 것은 물론 학원과 사교육비가 없고, 유치원에서는 읽기나 숫자조차 가르치지 않는 핀란드는 세계 최

227

고 수준의 교육 경쟁력을 확보했다고 자랑스럽게 말했다.

영국에서는 정부와 민간 보건 의료 전문가들을 만나 국민 주치의 제도(GP) 등 1차 의료기관 구축과 국민 보건 서비스(NHS) 성공을 위한 민·관의 협력 과정을 살펴봤다. 가정의학과 의사인 피셔 박사는 건강 상태나 경제적 형편과 상관없이 국민들 모두가 무료로 이용할 수 있는 NHS 제도에 대해 영국 국민들은 이를 BBC와 더불어 영국이 세계에서 자랑할 수 있는 가장 좋은 제도라고 뽐낸다.

의료 민영화를 부분적으로 준비하고 있는 우리 정부가 국민들에게 최우선적으로 필요한 것이 무엇인가를 깊이 고민해야 한다는 생각이 들었다. 당연히 우리나라의 자랑거리인 세계적 수준의 의료보험 제도를 함부로 훼손해서는 안 될 것이다.

내가 박사학위를 받은 옥스퍼드대학교에서 '한반도 평화와 동북아시아의 미래'를 주제로 강연도 했다.

마지막 방문지는 스페인이었다. 스페인에서는 협동조합을 살펴보는 게 목적이었다.

나는 국회의원이던 2011년에 아시아에서는 첫 번째로 협동조합 법

안을 대표 발의해서 통과시켰다. 이 법은 2012년 12월 1일 자로 시행됐다. 2008년에 미국발 경제 위기 이후 여러 선진국들에서는 협동조합이 대안적 사회·경제 모델로 주목받아왔다. 협동조합이 금융 위기의 영향을 상대적으로 덜 받았을 뿐만 아니라, 지속 가능한 성장과 좋은 일자리 창출을 제공함으로써 자본주의 경제의 취약점을 보완했기 때문이다. 그래서 2009년 12월에 UN 총회는 2012년을 '세계 협동조합의 해'로 지정하는 결의문을 채택하고, 협동조합의 발전을 위한 법 제도 정비를 권장했다.

스페인은 협동조합이 잘 이루어진 나라다. 비정규직이 없는 도시, 해고 없는 직장, 해마다 일자리가 꾸준히 늘어가는 세계적인 모범 도시 몬드라곤, 우리는 성공의 현장인 몬드라곤의 협동조합 본사를 방문했다. 스페인 내전으로 폐허가 된 작은 마을에 호세 신부가 부임하면서 시작된 '몬드라곤의 기적'에는 '모두가 주인이 되는 기업'이라는 이념이 자리를 잡고 있다.

몬드라곤에서는 회사의 경영이 어려워져 누군가가 일을 쉬게 되더라도 일자리를 잃을 두려움이 없었다. 다른 곳에서 일하게 될 때까지 임시 휴직 상태로 월급의 80퍼센트를 지원받고, 한 회사가 파산하면 그룹 내 다른 조합의 비슷한 부서로 파산한 회사 직원들이 재배치되기 때문

229

이다.

조합원들은 위기가 닥치면 조합원 총회를 통해 함께 고통을 분담한다. 그리고 한 기업이 어려우면 그룹 내 다른 기업이 돕는다. 세계적인 축구 스타 메시가 뛰고 있는 FC 바르셀로나도 협동조합 형태로 운영되는 축구 클럽이다. 소수의 대주주가 기업의 경영 전권을 독점하는 주식회사와 달리, 동등한 출자금과 동등한 경영권을 지닌 조합원들이 함께 기업을 운영하는 것이 협동조합 기업이 21세기의 자본주의에서 하나의 대안이 될 수 있겠다고 생각했다.

내가 방문했던 유럽의 나라들은 복지, 노동, 교육 등 모든 분야에서 '상생'이라는 가치를 정책의 목표로 삼고 있었다. 이 나라들이 지향하는 것은 '사회 통합'이었다. 구성원들의 협력이 교육-노동-복지 연계 정책을 이끌어내고, 복지와 성장의 균형을 중시하며, 효율적 생산과 공정한 분배를 함께 추구하고, 자율을 바탕으로 한 창의 교육을 실시하며, 안정된 개인의 삶을 다 함께 보장하는 협동조합을 활성화시키고 있었다. 내가 구상해온 한국 사회의 발전 방향을 이로써 구체적으로 가늠해볼 수 있었다.

강진의 여름은 뜨거웠다

강진 귤동에 사는 윤관석 교감 선생님 댁에 저녁 식사 초대를 받아 찾아갔다. 차려놓은 음식 하나하나에 정성이 가득 담겨 있었다. 대부분 직접 재배하거나 좋은 재료를 일부러 장만한 것이었다. 내외간에 교편을 잡고 있으면서 농사도 짓고 부지런하게 사는 분들이었다. 이날 아침에는 새벽 6시에 밭에 나가서 콩을 거두었다고 했다. 두 사람이 200평에 심은 콩을 다 수확한 것이다. 땅에 대한 애정도 대단해서 화학비료와 농약을 쓰지 않는다고 했다.

두 분은 현직 학교 선생님들의 입장에서 교육 문제에 대한 걱정도 토로했다. 농촌의 돌봄 프로그램이 낭비가 많고, 학교들이 돈을 어찌 쓸지 몰라서 아이들에게 저녁으로 피자를 배달시켜주고, 저녁에는 택시를 태워 집에 보낸다는 것이다. 농어촌 교육 지원 사업이 돈만 있으면 저절로 해결된다고 생각하는 게 문제라고 말했다. 형식적인 사업이 많고, 국고 낭비가 심해서 사업 내용에 대한 면밀한 검토와 철저한 사후 관리가 필요하다고 했다.

도시의 아이들 교육은 어떤가? 요즘 아이들은 놀이터에서 흙장난을 하는 대신 학원에 다니느라 바쁘다. 학교가 끝나면 학원에 가야 하니, 아이들의 친구는 보통 '학원 친구'라고 한다. 학원에 가지 않으면 친구조차 못 만드는 것이다. 이것을 파고든 자본주의 상술이 '놀이 학원'이다.

그렇다면 돈이 없는 아이들은 어떻게 하나? 학원에 갈 수 없으니 학교에서는 위축이 되고, 다른 아이들과 잘 어울리지 못할 게 뻔하다. 어린 시절부터, 학교에서부터 차이와 격차를 경험한 아이가 과연 희망을 꿈꿀 수 있을까? 공부만 강요당해 어렸을 때부터 학원에 다닌 아이들은 심신이 허약하다. 부모에 의존하다 보니 자립성은 떨어지고, 공부와 바쁜 일정에 지치다보니 몸은 허약해진다.

어려서부터 아이들에게 공부를 시키고, 학원 등 사교육의 장으로 몰아넣는 엄마들에게 왜 그러냐고 물어보면 대답은 똑같다. 남들이 다 하니까 우리 아이만 뒤처질 것 같아서라는 것이다. 이렇게 우리의 아이들은 어려서부터 경쟁 체제로 들어선다. 있는 집 아이들은 학원과 과외 수업에 치여 불행하고, 없는 집 아이들은 학원에 못 가서 불행하다. 아이들의 행복을 빼앗는 이 구조가 나는 너무 가슴 아프다.

어느 날 예술가들이 토담집을 찾아왔다. 그들 중 대부분은 아이를 한 명 두었거나, 아예 아이가 없는 부부들도 있었다. 대한민국의 현재 상황에서 아이를 낳아 기른다는 게 무섭다고 말했다. 자신들의 벌이로는 저녁이 있는 삶 같은 건 꿈도 꿀 수 없다고 했다.

그들뿐이겠는가? 육아 문제에 대한 근본적인 복지 대책이 마련되지 않으면 현재 세계 최저 수준의 출산율은 인구 절벽으로 이어질 것이다. 지난 5년간 우리나라의 출산율은 평균 1.24명으로 OECD 최하위 수준이다. 이대로 가면 국가의 존립을 걱정해야 할지도 모른다. 정부가 출산율을 높이기 위해 10년 동안 투자한 예산이 80조 원을 넘는다지만 효과는 별로 없다. 출산율 저하의 원인인 신혼부부를 위한 주거·보육 문제가 전혀 해결될 기미를 보이지 않기 때문이다. 단순히 돈을 투입한다고 해결될까? '두 자녀 이상 낳기 캠페인' 따위로 이런 문제를 해소할 수 있을까?

보편적 복지가 뒷받침되어야만 이 문제 해결의 실마리를 잡을 수 있다. '어떤 어려움이 닥치더라도 내 뒤에는 국가의 복지가 있다'는 믿음을 젊은 사람들에게 심어주어야 한다. '내가 가정을 만들면 저녁이 있는 삶을 누릴 수 있다'는 희망 말이다.

내가 말하는 '저녁이 있는 삶'은 단순히 저녁 시간을 즐기는 여가에 대한 게 아니다. '저녁이 있는 삶'이란 우리 사회에 만연한 이분법적 구도를 반대하는 가치다. 돈을 벌기 위해서는 가족과 함께 저녁을 먹고 대화하는 것을 포기해야 한다는 이분법. 내가 잘살려면 다른 누군가는 못

살아야 한다는 이분법. 내가 옳으려면 누군가는 반드시 틀려야 한다는 이분법. 이 모든 이분법적 사고에 반대하는 가치가 바로 '저녁이 있는 삶'이다.

직업을 구하는 것, 돈을 버는 것, 개인으로서 그리고 가족 구성원으로서 기본적인 행복을 누리는 것, 이 모든 것이 동시에 이루어져야 한다는 가치를 나는 '저녁이 있는 삶'이란 말로 표현한 것이다. '저녁이 있는 삶'이란 상생의 가치다. 노력한 만큼 얻을 수 있는 삶, 절망하는 대신 희망을 가질 수 있는 삶, 미워하는 대신 포용하는 삶, 서로 돕고 함께 잘사는 삶의 가치다. 바로 내가 꿈꾸는 새로운 대한민국의 길이다.

2016년 8월 18일 박형규 목사가 돌아가셨다. 내 젊은 시절부터 정신적 지주셨고 인생의 스승이셨던 분이 영원히 우리 곁을 떠나셨다. 내가 어려움에 처했을 때마다 용기를 주셨던 분이 나한테 가장 용기가 필요할 때인 지금 내 곁을 떠나셨다. 장례 기간 내내 빈소를 지켰다. 권호경 목사를 비롯해서 그분의 큰 나무 그늘에서 만났던 많은 동지들이 모였다. 오랜만에 모두들 젊은 시절로 돌아가 박형규 목사와 얽힌 무용담을 나누며 그분의 삶을 기렸다.

안철수 의원도 빈소를 찾았다. 나와 안 의원 둘이서 잠깐 이야기를 나눌 틈이 생겼다.

"나라가 걱정입니다. 세대와 계층을 불문하고 모든 사람들이 희망을 찾기 힘든 상황입니다. 대표님 편하신 시간에 '저녁이 있는 삶'과 격차 해소 문제 등에 대해 말씀을 나누고 싶습니다."

안 의원의 말에 내가 공감을 얹어 말했다.

"산에 있는 나한테도 많은 분들이 찾아와 살기 어렵다는 이야기들을 많이 합니다. 저도 비슷한 고민을 하고 있습니다. 언제 한번 좋은 자리를 만들어 얘기를 나눕시다."

며칠 후 안철수 의원이 토담집을 찾아왔다. 그가 생각했던 것보다 토담집이 좋아서인지 혹은 누추해서인지 조금 놀라는 기색이었다. 함께 강진만을 바라보며 마당에서 차를 마셨다. 백련사의 여연 스님이 만든 차였는데, 안 의원이 차 맛이 좋다고 했다. 단둘이 마주 앉은 건 이번이 두 번째였다.

첫 번째 만남은 2012년 대선을 앞두고 그가 문재인 후보와 단일화 협상 결렬을 선언한 뒤 후보 사퇴를 한 직후였다. 그때는 내가 그의 '안가' 오피스텔을 방문했었다. 안 의원은 그때보다 훨씬 성숙한 정치인의 분위기를 느끼게 했다. 30분 정도 평범한 이야기를 나누다가 날이 어두워지기 시작해서 '가우도 수산'이라는 식당으로 자리를 옮겼다. 얼마 전

235

그 식당의 젊은 사장인 신유근 씨가 2층에 '저녁이 있는 삶'이라는 이름의 별실을 만들었다.

실제로 그 방에는 언젠가 내가 술을 마시다가 '저녁이 있는 삶'이라고 쓴 나무판이 벽에 걸려 있다. 그러니까 이번에는 내가 안 의원을 나의 '안가'로 초대한 셈이었다. 술을 전혀 못하는 걸로 알았던 안 의원이 막걸리 한 잔을 마셨다.

"대표님, 국민의당으로 오십시오."

새로운 당명을 포함해서 모든 당 운영에 대해 나한테 열겠다는 말을 했다. 그의 말에서 진정성이 느껴졌다. 나도 진심을 이야기했다.

"이명박-박근혜 10년 정권이 나라를 이렇게 엉망으로 만들어놓았는데, 이걸 바로잡으려면 10년이 넘게 걸릴 겁니다. 그러니 우리 둘이 힘을 합쳐 10년 이상 갈 수 있는 정권 교체를 합시다."

2016년 여름 내내 계속된 폭염으로 온 나라가 끓어올랐고, 서민들의 분노는 전기세 폭탄으로 끓어올랐다. 강진도 이번 더위는 피하지 못했다. 지붕을 슬레이트로 덮은 토담집은 밤에도 불가마였다. 잠 못 이루는 밤이 이어졌고, 내 정치 복귀가 옳은 일인지 고민하는 밤이 지속됐다. 내가 순리의 길 위에 서 있는지를 묻고 또 물었다. 국민들에게 '저녁이 있는 삶'을 만들어주기 위해 다시 세상으로 내려가는 게 내가 가야 할 길인가? 나와 함께 잠 못 이루는 사람들은 그 길이 순리라 말하고 있었다.

국민에게 갑니다

정치라는 짐을 내려놓고 내 삶을 정리하러 내려왔던 강진.

우연히 발견한 백련사 만덕산 자락 토담집.

나는 잠시 이곳에 머물면서 내가 할 수 있는 일이 무엇인지를 찾고자
했다. 한동안은 내가 그동안 걸어온 길을 책으로 남기는 일이 내가 해야
할 일의 전부라 믿었다. 간혹 토담집을 찾는 사람들이 어떻게 이렇게 불
편한 곳에서 살 수 있느냐며 안타까워할 때도 우리 내외는 오랜만에 찾
아온 마음의 평화를 축복이라 여겼다.

봄날 토담집을 뒤덮는 꽃들의 축제.

아내의 제일 큰 자랑거리 한여름 밤 수십, 수백 춤추는 반딧불이.

가을 나뭇잎들은 각자 왜 저런 색깔을 주장할까.

큰 눈이 오신 겨울 아침 방문을 열었을 때 그 장엄함.

그런데 언제부터인가 토담집을 찾는 사람들이 많아지면서 들려오는
세상 소식에 하루하루가 불편해지기 시작했다.

'나 혼자 이렇게 편하게 살아도 되는가?'

오늘도 토담집 툇마루에 앉아 강진만을 내려다보았다. 큰 바다로 흘러나가는 구룡포 한복판에서 가장 먼저 눈에 들어오는 게 가우도다. 가우(駕牛)는 '멍에를 얹은 소'를 말한다. 소가 멍에를 메고 이런저런 물건들을 가득 싣고 가는 형상이라고들 말했다.

지금 나의 심정이 그렇다. 가우도는 내 어깨에 새로운 세상을 잔뜩 지고 걸어가 국민들에게 나누어주어야 하지 않느냐고 묻고 있었다. 내가 강진 토담집에서 2년간 정리하고 재충전한 40년 경험을, 나라와 국민을 사랑해온 나만의 방법으로 이제는 이 세상에 펼쳐놓아야 하지 않느냐고도 물었다.

시간이 흐를수록 마음의 짐이 무거워졌다. 나의 두 해 강진살이는 다산의 유배 생활 18년에 비하면 턱없이 짧기도 하거니와, 다산처럼 많은

에필로그 | 국민에게 갑니다

책을 쓸 수도 없었다. 다산은 백성들의 삶을 질곡으로부터 벗어나게 하려고 『목민심서』와 『경세유표』 같은 위대한 책들을 펴냈지만 끝내 현실 정치에서 그 뜻을 펴지 못했다. 그런데 세상은 내가 필요하다고 말하고 있었다.

'세상으로 돌아가야 할까?'

인의예지(仁義禮智). 다산은 행동으로 옮긴 뒤에야 개념이 세워진다고 말하지 않았는가.

서울 다녀오는 길에 강진 읍내 주유소에 들렀다. 평소 안면이 있는 주유소 여사장이 기름을 넣으며 말했다.

"대표님, 세상이 시끌시끌헌디 왜 여기만 기시오. 언능 서울 올라가 시게요."

여사장은 주유할 때마다 그 비슷한 말을 여러 번 했던 것 같았다. 그

나의 목민심서
강진일기

런데 이번에는 그 말이 가슴 한 켠을 찌르는 큰 울림으로 다가왔다. 부끄러운 듯 살가운 웃음 뒤에 그 사람이 한평생을 열심히 살아온 고단한 삶이 영화의 한 장면처럼 스쳐 지나갔다. 그 영화 속에는 어려운 삶 속에서도 웃음을 잃지 않으려 안간힘 쓰고 있는 내가 만났던 수많은 사람들이 나오고 있었다. 내 목소리도 분명하게 들렸다.

'세상으로 가라. 가서, 저 아름다운 사람들의 저녁이 있는 삶을 위하여, 다시 한 번 모든 것을 던져라.'

내 휴대폰 컬러링 음악은 4년 전부터 「저녁이 있는 삶」이란 노래다. 2012년 대선에 나섰을 때 캐치프레이즈였던 '저녁이 있는 삶'과 같은 제목으로 순천대학교 박치음 교수가 작사·작곡하여 헌정한 노래다. 그이후 어떤 모임이든지, 슬플 때나 기쁠 때나 우리는 이 노래를 마무리 노래로 불렀다. 이 노래는 국민에 대한 나의 바람이기도 하다.

에필로그 | 국민에게 갑니다

하루 일을 마치고 비누향기 날리며
식탁에 둘러앉아 웃음꽃을 피운다.

떳떳하게 일하고 당당하게 누리자.
모두 함께 일하고 모두 함께 나누자.

저녁이 있는 삶

너의 기쁨 슬픔은 나의 기쁨과 슬픔
이제 가슴을 열고 이야기를 나누자.

나의 목민심서
강진일기

내가 이 책을 쓰게 된 것은 강진 생활 덕분이다. 강진에서 조용한 시간을 가지면서 나를 돌아보고 앞날을 생각할 기회를 가졌기에 이 책이 나올 수 있었다. 다산의 유배지인 이곳에서 다산과 상상의 대화를 나누면서 나의 삶과 생각을 기록했다. 그 기록을 바탕으로 소설가 전민식 씨가 구성을 잡고 초고를 만들었다.

강진일기

2016년 10월 20일 초판 1쇄 발행
2016년 11월 10일 초판 7쇄 발행

지은이 손학규

펴낸이 정해종
마케팅 심규완, 김명래, 권금숙, 양봉호,
　　　　최의범, 임지윤, 조히라

책임편집 이기웅, 이한아, 김새미나
경영지원 김현우, 강신우
표지사진 권해경

펴낸곳 박하
주소 경기도 파주시 회동길 337-16, 3층
팩스 031-955-9914

출판신고 2016년 5월 20일 제406-2016-000066호
전화 031-955-9912(9913)
이메일 bakha@bakha.kr

ⓒ손학규(저작권자와 맺은 특약에 따라 검인을 생략합니다)

ISBN 979-11-958230-8-6 (03340)